4

통통 한국사

조선 후기부터
대한 제국까지

조선 후기부터 대한 제국까지

기획 안길정 | **글** 최수복, 안길정 | **그림** 이동승, 유남영
펴낸날 2010년 6월 15일 초판 1쇄, 2014년 4월 15일 초판 7쇄
펴낸이 김영진

본부장 조은희 | **사업실장** 김경수
편집장 김혜선 | **편집·진행** 이미호, 백한별 | **디자인 팀장** 신유리 | **디자인** 강륜아
펴낸곳 (주)미래엔 | **주소** 서울특별시 서초구 신반포로 321
전화 미래엔 고객센터 1800-8890 | **팩스** 02)541-8249
등록 1950년 11월 1일 제16-67호

저작권자의 동의 없이 무단 복제 및 전재를 금합니다.
ISBN 978-89-378-4942-8 74900
ISBN 978-89-378-4938-1 (세트)

ⓒ 안길정, 최수복, (주)미래엔 2010

· 책값은 뒤표지에 있습니다.
· 파본은 구입처에서 교환해 드리며, 관련 법령에 따라 환불해 드립니다. 다만, 제품 훼손 시 환불이 불가능합니다.

 휴이넘은 (주)미래엔의 어린이책 브랜드입니다.

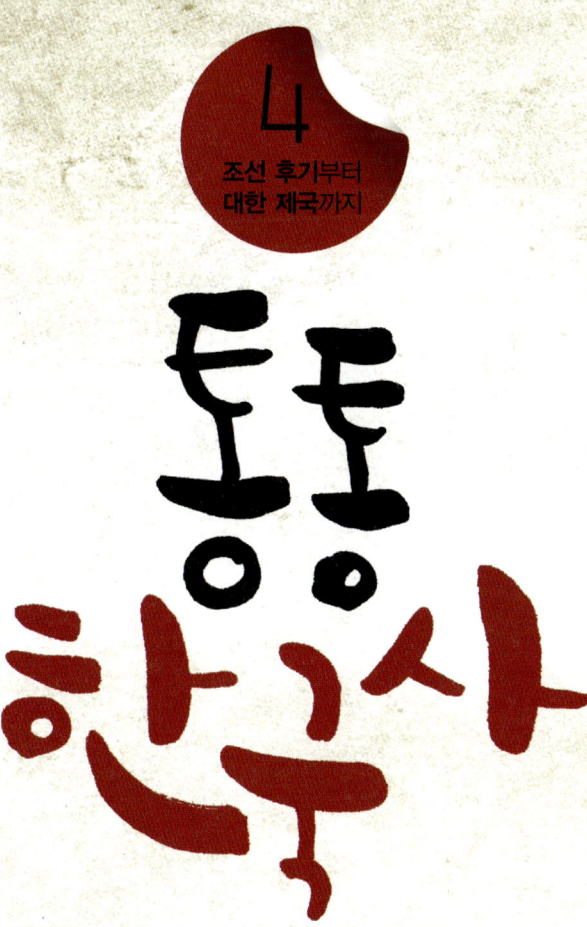

4 조선 후기부터
대한 제국까지

통통 한국사

안길정 **기획**
최수복, 안길정 **글**
이동승, 유남영 **그림**

Houyhnhnm
휴이넘

| 기획자의 말 |

　역사를 왜 공부해야 할까? 이렇게 물어보는 친구들에게 역사는 공부하는 것이 아니라 옛날이야기라고 말해 주고 싶어. 아니라고? 이것저것 외울 것이 많고, 이야기처럼 신나고 재미있지도 않다고? 그건 바로 역사가 어떤 줄기를 따라 가고 있는지 잘 모르기 때문이야.
　통통 한국사는 한국사의 큰 줄기를 잡은 읽을거리지. 짧은 역사 이야기나 위인전에서 읽었던 역사 지식들이 머릿속에 마구 뒤엉켜 있다고? 구슬이 서 말이라도 꿰어야 보배라는 말이 있잖아. 아득한 옛날 원시부터 오늘 내가 있는 현대까지 굵직굵직한 사건을 골라 쭉 훑은 이 책은 그런 머릿속의 구슬들을 꿰어, 멋진 목걸이를 만들어 줄 거야.
　그러다 보니 세세한 이야기들은 담지 않은 것도 많아. 이것저것 많이 알려주려다가 오히려 큰 줄기를 놓치지 않도록 한 거지. 그 대신에 무엇이 줄기이고 무엇이 핵심인지 확실히 알아볼 수 있도록 여러 구성들을 두었어.
　우리가 공부하고자 하는 역사의 현장을 직접 찾아가 보는 '가 보자, 여기'와 머릿속에 쏙쏙 들어오는 본문 이야기가 있지. 본문 속에는 동화로 만나 보는 역사 이야기가 있어서, 읽다 지루해지려 하면 마음을 확 잡아 줄 거야. 또 본문보다 더 깊이 있게 다룬 상자와 돋보기에서 역사를 입체적으로 볼 수 있게 했지.
　꼭 처음부터 읽지 않더라도, 펼쳐 보고 아무 곳이나 당기는 대로 읽어도 좋아. 호기심이 이끄는 대로 따라가 보는 거야. 통통 한국사는 역사의 긴 줄기를 관통하면서 길을 잃지 않도록 친절하게 안내할 거니까!

4권을 읽기 전에

4권은 조선 후기에서 대한 제국까지 다루었어.

두 차례의 전란으로 호된 시련을 겪은 뒤, 조선 사회를 바꾸어야 한다는 움직임이 곳곳에서 일어났어. 백성들이 부지런히 땅을 일구고, 각종 물건을 만들어 내면서 장시를 발달시켰지. 덩달아 상업 활동이 활발해졌고, 서민 문화도 꽃피게 되었어.

하지만 붕당 간의 대립이 날로 치열해지면서 사회의 활력을 갉아먹어 버렸어. 유형원이나 이익 같은 실학자들이 나라의 기틀을 다시 짤 청사진을 세웠지만, 그들의 생각은 나라의 정책에 반영되지 못했어. 게다가 정조가 갑자기 세상을 떠나면서 어린 임금을 앞세운 일부 집안이 권력을 독차지하게 되었단다.

삶에 지친 백성들은 새로운 종교에 마음을 의지했어. 사람은 모두 평등하다고 가르치는 서학을 믿는 사람들이 늘어갔지. 인내천 사상을 바탕으로 한 동학도 세력을 얻어갔어. 또 유언비어나 예언, 도참사상이 널리 퍼져서 민심을 어지럽히기도 했단다.

그런 와중에 엘리트가 주도하는 개혁이 위로부터 시도되었어. 뒤이어 세상을 바꾸려는 농민들의 운동이 아래로부터 일어났단다. 하지만 모두 실패로 끝나면서, 우리 스스로 개혁을 하고 근대화를 이룰 길을 잃고 말았어.

외국 세력은 조선을 침략할 기회를 호시탐탐 엿보고 있었지. 청나라, 러시아, 일본 등이 서서히 조선에서 영향력을 넓혀 갔어. 특히 일본은 청·일 전쟁에서 승리한 뒤 야욕을 노골적으로 드러내기 시작했어. 의병의 치열한 활동도 일본의 침략을 막지 못했지. 그 이후로 조선 사회는 어떤 일들을 겪었을까?

자, 이제 책장을 펼치고 조선 시대의 후반기로 가볼까?

| 차례 |

01 조선 후기 사회는 어떻게 변했을까? · 8

돋보기 장터 가는 사람들 · 34

02 새로운 학문 실학과 피어나는 서민 문화 · 40

돋보기 단원과 혜원의 비교 감상 · 56
돋보기 허생은 어떻게 100만금을 벌었을까? · 60
돋보기 김정호와 대동여지도의 진실 · 70

03 서학은 뭐고 동학은 뭘까 · 76

돋보기 베이징에 간 이승훈 · 86
돋보기 "강 바쳐라!" 옛날 서당의 모습 · 102

04 쇄국과 개화의 줄다리기 · 106

돋보기 프랑스에 건너간 강화도 외규장각의 옛 책 · 134

05 갑신정변과 동학 농민 운동 · 138

돋보기 갑신정변의 주역 김옥균 · 168
돋보기 유길준이 본 서양 · 170

06 의병, 만민 공동회, 그리고 대한 제국 · 176

돋보기 왜 조선 사람들은 목숨보다 상투를 더 중시했을까? · 200

조선 후기 사회는 어떻게 변했을까?

조선 사회는 태어날 때부터 양반과 농민, 천민으로
엄격히 나뉘어 살아야 했던 사회였어.
하지만 전쟁 이후 철옹성처럼 단단하기만 했던
신분제가 흔들리기 시작했지.
점점 양반 수는 늘고 농민과 노비 수는 줄어들었어.
한편 한양에는 사람이 점점 늘어났어.
시장에 내다 팔기 위한 농작물을 기르는 사람이 생겨나고
수확을 높이기 위한 농사법도 개발되었지.
한양은 상업이 발달한 대도시로 변해 갔단다.

| 주요 사항 | 시대 |

전국적으로 대동법 실시 1708년

탕평책 실시 1725년

균역법 실시 1750년

규장각 설치 1776년

미국, 독립 선언 1776년

이승훈, 천주교 전도 1784년

서학을 금함 1786년

프랑스 혁명, 인권 선언 1789년

조선

가 보자, 여기
수원 화성

정조가 세운 화성은 5.4km에 이르는 성곽이야.
사도세자의 묘를 수원으로 옮기면서 화성을 쌓기 시작해서 2년여 만에 완공하였지.
과학적 설계와 신기술로 지어진 화성은 군사 기능과 상업 기능을 모두 갖고 있었어.
여기에는 조선을 새롭게 하고자 했던 정조의 꿈이 담겨 있단다.
동양 성곽의 백미로 평가받는 수원 화성은
1997년에는 유네스코 세계 문화유산으로 등록되어 그 가치를 인정받았지.

변화하는 조선 사회

흔들흔들 신분제

임진왜란과 병자호란을 겪으면서 조선은 크게 달라졌어. 백성들은 갈수록 살기 힘들어졌지. 전쟁으로 땅을 돌보지 못해서 수확량은 예전 같지 않은데, 나라에 바쳐야 할 세금은 무거웠거든. 황폐해진 땅과 집을 버리고 못살겠다며 도망가는 사람들이 날로 늘어갔지.

나라 살림이 쪼들리자 나라에서는 '공명첩'과 '납속책'을 팔았어. 공명첩이란 말 그대로 이름이 비어 있는 임명장이야. 임명장에는 부사나 고을 수령 같은 관직 명칭이 쓰여 있고 돈을 낸 사람은 이 종이의 빈자리에 자기 이름을 써 넣었어. 납속책이란 관아에 내는 돈 액수에 따라서 노동력 동원에 나가지 않거나 벼슬을 주는 등의 보상을 해주는 제도야. 조선의 신분제는 법적으로는 양인과 천민으로 구성된 양천제였지만 실은 양반, 중인, 평민, 노비의 네 계층이었어. 그런데 이제는 돈이 있으면 신분의 구속에서도 벗어날 수 있게 되었어. 꿈쩍도 안할 것 같던 신분 제도가 흔

공명첩 ⓒ독립기념관
이름을 써 넣을 자리가 비어 있다.

들리기 시작한 거지.

　물론 공명첩을 받았다고 해서 실제로 관직에 나아가는 것은 아니야. 무늬만 양반일 뿐이었지. 그렇지만 노비나 양민은 너도나도 이걸 부러워했어. 양반이 되면 세금과 군역을 면하게 되거든. 이것만으로도 엄청난 혜택이었으니 모두들 양반이 되고 싶어 했지.

　공명첩을 산 가짜 양반들은 갓을 쓰고 도포 자락을 날리며 양반 흉내를 내고 다녔어. 그리고 스스로 양반이라 칭하며 각종 세금이나 요역을 부담하려 하지 않았지. 족보나 홍패를 사거나 위조하는 등 합법적이지 않은 방법으로 양반이 되려 하는 사람도 많았단다. 이런 추세는 나라 살림에 점차 큰 문제가 되었어. 왜 그랬을까? 공명첩이나 납속책을 산 사람들이 늘어날수록 나라에 세금을 내는 사람은 점점 적어지기

때문이지.

　더 큰 문제는 이런 상황이 지속될수록 힘없고 가난한 농민들에게 더 많은 부담이 지워질 수밖에 없다는 거야. 대다수 농민의 삶은 어려워지고 나라 살림은 점점 더 궁색해졌어. 어려워진 나라 살림을 메우려고 공명첩이나 납속책을 남발하다가 더 큰 곤경을 맞게 된 거야.

　예전에는 양반을 중심으로 향약을 실시하며, 고을 안에서 엄격한 신분 질서를 유지했지만, 양반이 늘어나자 전처럼 고을 백성들을 손안에 틀어쥘 수 없게 되었어. 고을 수령이 향약에 간섭하는 데다 농민의 이동도 심해져서 예전처럼 백성들을 통제하기가 힘들어졌지. 사람들도 양반들이 이래라저래라 하는 것을 달갑게 여기지 않아서 어떻게든지 양반의 간섭에서 벗어나려고 했어. 따라서 양반들의 권위도 예전 같지 않았지.

남발
법령이나 지폐, 증서 따위를 마구 냄

시장에 내다 팔 작물을 기르다

　조선 시대의 엄격한 신분 제도는 어디서부터 흔들리기 시작한 걸까? 바로 경제 부분이 크게 달라지기 시작하면서부터야.

　경상도 일대에서 재배되기 시작한 목화는 임진왜란 후에 전국에 퍼져 재배되었어. 목화 나무에 열린 보송보송한 솜을 따서 실을 자아 무명을 짰지. 목화를 재배하기 시작하면서부터 농사짓는 집의 살림살이가 나아지기 시작했어. 무명은 쌀과 더불어 현물 화폐의 구실도 했거든. 무명을 돈처럼 사용해서 물건을 사는 데 쓸 수 있었다는 뜻이야.

　또 모내기가 널리 퍼졌어. 예전에는 직접 논에다 볍씨를 뿌려 벼를 키우는 직파법으로 벼농사를 지었어. 이와 달리 모내기는 볍씨를 모판에다 미리

키운 다음, 그 모를 논에다 옮겨 심는 방법이야. 이렇게 하면 모가 한결 잘 자라고 김매기가 줄어드는데다 수확량도 늘어났지. 다만 모내기를 할 시기에 많은 물이 필요하기 때문에 만약 모내기를 할 때 가뭄이 들면 한 해 농사를 망칠 수 있다는 위험이 있었어. 하지만 농민들은 제방을 쌓고 물길을 내어 가뭄을 이기려 애썼지. 또 모내기를 하면 논에 모를 심기 전까지 보리 농사를 지을 수 있어. 이렇게 한 해에 쌀과 보리를 번갈아 짓는 이모작을 할 수 있게 되자 곡물 생산이 늘어났어. 농민들은 한여름 뙤약볕에서도, 한겨울 추위에도 쉬지 않고 일을 했지.

농가의 소득이 늘어나자 부자가 된 농민들이 속속 생겨났어. 국가에 세금 내고 입에 풀칠하고 나면 아무것도 남지 않던 때와는 크게 달라진 거야. 먹고 쓰고도 남는 몫이 생기자 그것으로 다른 필요한 물건들을 바꾸어 쓰게 되었지. 자연스레 여기저기에 '장'이 생겨났어. 하루에 오갈 수 있는 30리 안팎의 마을을 엮어 닷새마다 돌아가며 장이 섰어. 이것을 '오일장'이라고 불러. 나중에는 전국에 오일장이 서지 않는 고을이 없을 정도로 장이 번성했어. 18세기 중엽에는 장이 서는 곳이 전국에 1천 군데나 되었대.

어느 고을에나 장이 서게 되자 농민들은 장에 내다 팔기 위한 작물을 재배하기 시작했어. 이것을 '상품 작물'이라고 불러. 콩이나 담배, 목화와 모시 그리고 인삼 같은 약재 따위인데 농민들에게 쏠쏠한 이익을 안겨 주었지. 특히 담배와 인삼은 가장 좋은 논에서 벼를 키워

얻는 수입의 10배에 달하는 수익을 남겼다고 해.

또 채소를 가꾸어 내다 팔기도 했어. 서울 변두리와 각 지방의 대도시 주변에서 배추·파·미나리·오이 등이 재배되었지. 아울러 각 지역에서 이름을 떨치는 특산물이 나왔는데, 경상도 진주의 배, 충청도 한산의 모시, 함경도 성진의 명주 등이 그 예야. 특산물만 들고 다니며 전국 각지에 파는 상인들도 생겨나게 되었어. 점점 큰 돈을 버는 부자들도 나타났지.

경강상인, 개성상인, 의주상인, 동래상인이라고 들어봤니? 모두 조선 시대 유명했던 지역 상인들이란다. 경강상인은 한강을 중심으로 활동하던 상인들이야. 도성 사람들이 1년 먹는 쌀, 1백만 섬의 절반을 댈 정도로 큰 세력을 과시했어. 나중에는 선박을 만드는 등 생산 분야까지 손을 댔을 정도로 대단한 자본을 움직이며 명성을 떨쳤지. 개성상인은 주로 인삼을 취급했는데 전국 곳곳에 이른바 체인점을 차려놓을 정도였단다. 그리고 의주상인은 청나라와, 동래 상인은 일본과 무역을 하여 큰 돈을 만졌지. 상업이 발달하자 사람들은 점차 농업이 아닌 다른 방법으로 부자가 될 길을 모색했단다.

모색
일이나 사건 따위를 해결할 수 있는 방법이나 실마리를 더듬어 찾음.

땅에 물리는 세금, 전세

만일 농민들이 세금을 내지 않았다면 어떻게 되었을까? 관리가 봉급을

전국 각지에서 나는 특산물

받지 못할 뿐만 아니라, 궁궐의 왕과 왕비도 굶을 수밖에 없었을 거야. 농민들이 내는 세금이 있기 때문에 나라 살림이 원활하게 돌아갔던 거란다.

임진왜란, 병자호란 이후로 농민들은 자신들의 고통을 덜어 줄 정책이 하루빨리 나오길 기대했어. 예전 전세 제도는 풍년, 흉년 관계없이 토지 1결당 쌀 4말을 내는 것이었어. 1결이란 일정한 넓이가 아니고 땅의 기름진 정도에 따라 각기 다른 넓이를 가르키지. 세금을 거두기가 어려워지자 생겨난 제도가 8결 작부제야. 땅을 8결씩 일정한 단위로 가르고, 호수라고 불리는 성실한 농민이 책임지고 세금을 납부하게 하였어. 다시 말하면 호수가 자기 구역에 해당하는 전세를 모아 거두게 한 제도란다.

공물의 부담을 줄여라, 대동법 탄생

공납도 농민에게 큰 부담이 되었어. 나라에서는 지방마다 공물을 바치게 했는데 바쳐야 할 공물은 인삼·해산물·화문석 같은 지역 특산물에서부터, 직접 만들어야 하는 물건까지 다양했단다. 농민들은 농사짓는 것만도 바쁜데 공물까지 준비해 바치자니 큰 어려움이 따랐지. 게다가 어렵사리 공물을 만들어 관아에 내도 이런저런 생트집을 잡아 받아주지 않곤 했어. 그래서 이 일만을 전문으로 맡아 웃돈을 받고 대신해 주는 사람이 생겨났는데, 이들을 '방납인' 또는 '공인'이라고 불렀어. 관청과 잘 통하는 권세가의 하인이나 관청의 서리가 이 일을 맡았지. 방납인은 농민의 사정을 이용하여 많은 웃돈을 요구했어. 농민들한테 한 푼이라도 더 뜯어내려고 관청 서리와 방납인이 서로 짜는 일도 많았지.

"아전 나으리의 마음에 들어야 할 텐데 걱정이구만."
억불이가 말을 뱉으며 한숨을 쉬었어요. 그러자 눈치 빠른 나서방이 나섰어요. 나서방은 올봄에 데릴사위로 억불이 집안에 장가들었지요.
"장인어른, 이번에는 제가 다녀오겠습니다."
"그래, 백정 신세라는 것을 잊지 말고 입조심해야 하네."
이윽고 나서방이 길을 나섰어요. 좁은 산길을 한참 내려가니 큰길이 나왔어요.
나서방이 관아에 들어서자마자 큰소리가 터져 나왔어요. 이제야 공물을 가져오면 어찌하냐는 거였어요. 아전은 눈살을 잔뜩 찌푸리며 버들고리의 위짝, 아래짝을 들었다 놓았다 하였어요.

"에잇! 이런 고리짝에 누가 물건을 담아 쓰겠느냐?"

"나으리, 정성을 다해 짰습니다요. 밤잠 못자고……."

 말을 마치기도 전에 아전이 꽥 소리를 질렀어요.

"이노옴, 백정 주제에 어디라고 말대꾸냐?"

아전은 멍석을 가져와라, 매를 해오너라하며 고래고래 소리를 질렀어요. 사령이 나서방을 잡아채어 멍석 위에 엎드리게 하더니 바지를 반쯤 내렸어요. 나서방의 야윈 엉덩이가 대번에 드러났어요.

"매우 쳐라!"

"아이고, 아이고!"

나서방은 엉덩이 10대를 맞고 나서야 풀려났어요. 애써 만든 고리짝 몇 벌이 버려진 듯 관아 뜰에 뒹굴었어요. 온 가족이 이 버들고리를 짜느라 얼마나 많은 밤을 뜬눈으로 새웠는지 몰라요. 하지만 아전은 매타작을 하고도 분이 안 풀리는지 씩씩거리며 소리쳤어요.

"쓸모없는 고리짝은 가져가거라. 3일 안으로 공물을 가져오지 않으면 혼쭐이 날 줄 알아."

나서방은 사령들에게 끌려 관아 밖으로 쫓겨났어요. 다리를 질질 끌고 나타난 나서방을 억불이가 맞았어요. 나서방이 관아에서 매타작을 당하고 있다는 소식을 전해 들었거든요.

"이게 웬 날벼락인가! 갓 장가온 신랑 몸을 버릴 셈이군."

 억불이는 화가 단단히 났어요.

"이제 어쩝니까? 장인어른. 다른 사람들은 공물을 제때에 바쳤답니까?"

나서방이 풀어진 머리를 쳐올리며 말하자 억불이가 대답했어요.

"우리 고을에 방납업자 방 씨 아는가? 관아에 필요한 물건을 사서 바치는 그 자."

"알다마다요. 관아를 제집 드나들듯 하더니 엄청난 재산을 모았다는 소문이 있어요."

"소문이 아닐세. 아전 나으리가 방납업자 방 씨와 짜고 일부러 바치는 공물마다 퇴짜를 놓는다는구먼. 그럼 방 씨가 접근하여 자기가 납품해 줄 터이니 물건 값을 내라고 한다네. 그런데 그 값이 10배까지 뛰기도 한다니. 나 참."

"네에?"

나서방은 놀라서 벌린 입을 다물지 못했어요.

이 무렵 사람들은 집집마다 무거운 세금을 바치느라 등골이 휠 지경이었어요. 특히 공물은 큰 골칫거리였는데, 나라에서 원하는 기일 안에 바쳐야 하기 때문이에요. 게다가 어떤 고을에서는 나지도 않는 물건을 바치라는 통에 방납업자들에게 웃돈을 주고 구하는 처지였지요.

나서방이 펄쩍 뛰며 소리를 질렀어요.

"장인어른, 우리가 애써 물건을 만들어 바쳐도 소용없단 말입니까?"

"그렇다네. 우리네 고리짝 짜는 솜씨는 삼척동자도 알지 않는가? 방 씨한테 부탁하는 길밖에 없네. 이미 알아보았는데, 물건 값으로 베 10필을 내라고 하더군."

"날 도둑놈!"

나서방이 주먹을 부르르 쥐며 말을 뱉었어요. 베 10필이면 엄청나게 큰 액

수였으니까요. 억불이는 산목숨에 거미줄 치겠냐며 고개를 치켜들고 헛헛 웃었어요. 웃는 소리가 나서방 귀에는 마치 우는 소리처럼 들렸어요. 다리를 절뚝거리며 따르는 나서방은 여전히 주먹을 쥔 채였어요.

공납의 부담을 견디지 못한 농민이 농사짓던 땅을 떠나는 일도 많았어. 그러자 군현에서는 정해진 공납을 채우기 위해 도망간 농민의 친척이나 이웃집에 대신 공납을 물렸어. 남아 있는 사람들의 부담은 갈수록 늘어날 수밖에 없었지.

나라는 하루빨리 개혁안을 내놓아야 했어. 그래서 새로 나온 공납 제도가 '대동법'이야. 대동법은 공물을 물건으로 받는 대신 토지의 결수에 따라 쌀·삼베·무명·동전 등으로 내게 하는 제도야.

농민들은 대동법을 크게 환영했어. 땅이 있으면 결당 12말을 내면 되고, 땅이 없으면 내지 않아도 되었거든. 그동안 공납의 부담에 시달리던 농민들은 대동법 덕분에 한시름 놓게 되었지.

대동법은 경기도에서 먼저 실시되었는데, 전국적으로 시행되기까지는 거의 100년이 걸렸다고 해. 땅을 많이 가진 지주들이 반대했기 때문이야. 땅을 많이 가질수록 세금을 많이 내야 하는 제도를 지주들이 찬성할 리가 없었지. 조정에서는 대동법에 찬성하는 세력과 반대하는 세력이 오랫동안 줄다리기를 했어. 김육은 지주들의 반대를 무릅쓰고 대동법을 전국적으로 확대 실시하자고 끈질기게 상소를 하였어.

"대동법은 백성을 편안케 하기 위한 것이니 실로 시대를 구할 수 있는 좋은 정책이옵니다."

대동법이 실시되면서 시장은 물건을 사려는 사람과 팔려는 사람들로 넘

쳐나게 되었어. 농민은 대동세라 불리는 세금을 내기 위하여 물건을 시장에 내다 팔아 쌀·베·돈을 마련했어. 또 방납인은 관아에서 미리 공물 값을 받아 물품을 사서 바쳤지. 물건을 팔아 화폐로 바꾸려는 농민과 공물을 구하려는 방납인이 모두 시장을 찾아가자, 시장은 날로 커지고 거래가 활발해졌어. 대동법의 실시가 시장과 상품 경제를 발전시키는 데 큰 몫을 한 거야.

허울뿐인 균역법

군역은 16세에서 60세 사이의 남자에게 부과되는 의무였어. 원래는 군대에 가서 나라를 지키거나 훈련을 받는 일이지. 하지만 16세기 무렵부터는 1년에 베 2필만 내면 군대에 가지 않아도 되었어. 이렇게 내는 베를 '군

포'라고 했단다.

한 집안에 아버지와 두 아들이 있다면 남자가 셋이니 1년에 군포 6필을 내야 했어. 군포 1필을 짜려면 솜씨 좋은 여자가 한 달이 넘게 꼬박 베틀에 앉아 있어야만 해. 그러니 군포는 농민들 살림에 큰 부담이 되었지. 게다가 서울의 5군영뿐만 아니라 지방 감영이나 병영에서도 군포를 거두었어. 일반 농가에서 이중 삼중으로 군포를 무는 일이 흔했지.

군역을 진 사람이 도망가면 친척이나 이웃집에 대신 군포를 물어내라고 했어. 갓 태어난 남자 아기에게도 군포를 내라고 하거나, 죽은 지 오래된 사람에게서도 군포를 뜯어 갔어. 오죽하면 실학자 정약용이 농민들의 현실을 보고 이런 시를 지었을까. '애절양'의 한 대목을 읽어 볼게.

시아버지 죽어서 이미 상복 입었고
갓난아인 배냇물도 안 말랐는데

삼대의 이름이 군적에 실리다니

달려가서 억울함을 호소하려 해도
호랑이 같은 문지기 버티어 있고
이정이 호통하여 하나 남은 소마저 끌려갔네.

남편이 문득 칼을 갈아 방 안으로 뛰어드니.
붉은 피 자리에 어지러이 흩어지누나.
스스로 한탄하네. "남자 아이 낳은 죄로구나."

오죽했으면 남자의 생식기까지 자를 정도였을까! 농민들의 고통과 원성이 하늘을 찌르고도 남았지. 영조는 군포의 문제점을 고치려고 했어.

"국가 재정이 모이면 백성이 흩어지고 국가 재정이 흩어지면 백성이 모이니, 나라 재정이 다 없어지더라도 백성이 가난한 것보다는 오히려 낫다."

이리하여 영조는 균역법을 시행했어. 내야 하는 군포의 수를 2필에서 1필로 줄이고, 이로 인해 모자란 재정은 지주에게 물어 토지 1결당 쌀 2말을 내게 했어. 이 밖에 어장세와 선박세를 거두어 나라 재정을 메우려고 했지. 하지만 땅 가진 양반들은 결사적으로 반대했어. 그래서 결국 지주가 내야 할 쌀도 나중에는 지주 땅을 빌어 농사짓는 농민의 부담이 되었어. 양반의 부담이 빠져 버린 균역법은 허울뿐인 빈껍데기가 되고 말았지. 양반에게도 1필의 군역을 지게 하는 법은 19세기 대원군이 집권하고 나서야 겨우 실시되었단다.

붕당 간 대립이 심해지다

갈수록 험해지는 붕당 대립

조선 후기의 당파는 동인과 서인, 남인과 북인, 노론과 소론, 시파와 벽파 등으로 사안에 따라서 계속 나뉘어졌어. 붕당 사이의 다툼은 왕도 말리지 못했대. 이들은 대체 무슨 일로 서로 헐뜯고 귀양 보내고 심지어 죽이기까지 했을까?

현종 때의 일이야. 선대 임금인 효종이 죽어 의붓어머니인 조대비가 얼마 동안 상복을 입어야 하는지를 결정해야 했어. 왕이나 왕비가 죽으면 왕실에서 상복을 입는데 죽은 이를 애도하는 예법은 매우 까다로웠지. 원래 자식이 먼저 죽으면 장자의 경우는 3년간 상복을 입고, 차자의 경우는 1년간 상복을 입었는데, 효종은 둘째 아들이었어. 서인 세력의 우두머리 송시열은 효종이 둘째 아들이라는 것을 중요하게 생각하고 다음과 같이 아뢰었어.

"1년 동안 상복을 입는 게 옳습니다."

하지만 남인 세력의 우두머리 허목은 입장이 달랐어. 비록 둘째 아들이지만 왕위에 올랐으므로 첫째 아들과 같은 대우를 하는 것이 맞다는 것이었지. 그래서 이렇게 아뢰었어.

"아니옵니다. 3년 입는 게 맞사옵니다."

이처럼 상복 입는 기간에 대한 두 정치 세력의 대립은 얼핏 생각하면 단순히 옷 입는 문제로 싸우고 있는 것 같지만 자세히 알고 보면 선대 왕을 어떻게 대우하는가 하는 정치적 문제와 관련이 깊었던 거야.

현종은 서인의 주장을 받아들였고 이로 인해 서인의 목소리가 세졌어. 남인의 우두머리 허목은 서인 세력에게 밀려 강원도 삼척 부사로 쫓겨났지. 우두머리만이 아니고 남인에 속한 붕당은 모조리 조정에서 밀려났어.

그런데 이번엔 효종의 비가 죽자 다시 상복 문제가 일어났어. 그리고 이 때는 남인의 주장이 받아들여졌지. 그래서 서인 세력이 썰물 빠지듯 조정에서 쫓겨났단다.

붕당에 속한 사람들은 거의 같은 고향이거나 같은 스승 밑에서 공부한 사람들이야. 그들은 끈끈하게 연결되어 앞에서 끌어주고 뒤에서 밀어주는

● 붕당 사이의 다툼은 왜 일어날까?

실학자 이익이 쓴 책 《곽우록》에는 붕당 간 싸움의 원인에 대해서 이렇게 적고 있어.

"붕당은 싸움에서 생기고, 싸움은 이해관계에서 생긴다. 이해가 절실할수록 당파는 심해지고, 이해가 오래될수록 당파는 굳어진다. 이렇게 된 이유가 무엇일까? 다 밥그릇 때문이다. 지금 열 사람이 굶주리고 있는데 한 그릇의 밥을 같이 먹게 되면 그 밥을 다 먹기도 전에 싸움이 일어날 것이다. 조정의 붕당 싸움도 어찌 이와 다를 것이 있겠는가. …… 대개 과거를 자주 보아 인재를 너무 많이 뽑았고 총애함과 미워함이 한쪽에 쏠려, 올라가고 물러남에 있어서 원칙이 없다. 또 벼슬을 원하는 자는 많은데 자리가 적으니 모두 조처할 수가 없다. …… 그리하여 당색은 자손 대대로 전해져 서로 원수가 되고 죽이기도 한다. 조정에서 벼슬을 하고 같은 마을에 살아도 늙어 죽도록 오가지도 않고, 상을 당하거나 길·흉사에 가면 수군수군 헐뜯고 두 집안끼리 서로 결혼이라도 할라치면 다른 이들이 무리지어 공격한다."

공생 관계였지. 권력에서 밀려나지 않으려면 단단히 뭉칠 수밖에 없었어. 17세기 전에도 붕당 간의 경쟁은 있었지. 하지만 뜻이 다르다고 상대를 죽이기까지 하는 극단적인 상황까지 가지는 않았어. 그런데 17세기 말에 이르자 붕당 정치는 사뭇 달라졌어. 자기 붕당과 뜻이 맞지 않으면 가차 없이 조정에서 쫓아내고 죽이기까지 했단다. 붕당이 다르면 길에서 마주쳐도 인사도 하지 않고, 서로 결혼도 하지 않으며 담을 쌓고 지냈어. 붕당 간의 대립은 칼날처럼 날카롭게 곤두서 있었지.

당파를 없애려는 노력, 탕평책

붕당 간의 싸움을 보다 못한 영조는 탕평책을 내놓았어. 탕평책은 한마디로 '붕당을 없애기 위한 정책'이라고 할 수 있을 거야. '탕평'이란 옛 글귀에서 따온 말로, '어느 편에도 치우치지 않음.'이라는 뜻이야. 다시 말하면 왕이 어느 한편만을 총애하지 않음으로써 세력 균형을 유지하여 왕권을 단단하게 세우는 것이지.

당시 성균관 유생들은 벼슬길에 오르면 자연스레 특정 당파에 속하게 되었어. 성균관에 들어오기 전에 공부했던 서원의 스승과 선배들이 있는 당파에 들어가야 의리를 지킨다고 생각했기 때문이야. 이를 통해 붕당의 명맥이 줄기차게 이어진 거지. 영조는 유생들이 공부하는 성균관 입구에 탕평비를 세웠어. 탕평비를 통해 유생들에게 붕당에 들어가지 말라는 어명을 내린 거지. 또, 영

성균관에 세운 탕평비

조는 관리를 뽑을 때 탕평의 정신을 받들어 붕당을 가리지 않고 고루 기용했어.

"관리의 임용을 맡은 관리들은 탕평 정신을 받들도록 하라."

이런 어명을 내려 붕당 간의 싸움을 경계했지.

영조의 뒤를 이어 왕위에 오른 정조도 탕평책을 실시했어. 정조는 누구보다도 붕당 간의 싸움을 싫어했는데, 아버지 사도 세자가 당쟁의 희생양이 되어 목숨을 잃었기 때문이야. 사도 세자가 살아 있을 당시, 노론이 권력을 잡고 있었어. 그런데 다음에 왕위에 오를 사도 세자가 반대파인 소론과 가까이 지내자 노론은 권력을 빼앗길 것이 두려워 영조와 세자 사이를 이간질했어. 결국 세자는 뒤주에 갇혀 굶어죽었지.

정조가 만든 규장각과 친위 부대

정조는 피비린내 나는 붕당 간의 싸움을 끝내기 위해서는 왕이 강력한 힘을 가져야 한다고 생각했어. 뜻을 같이 하는 사람들을 키우고, 친위 부대를 양성해서 힘을 갖고자 했지. 그래서 궁궐에 규장각을 설치하여 유능한 선비들을 불러다 여러 학문을 연구하게 했어. 정조는 공부를 매우 좋아하는 왕이었어. 선비들과 토론을 하거나, 과제를 주어 답변서를 올리게 하였어. 성적이 우수한 선비에게는 술이나 책을 상으로 내려 칭찬을 아

규장각

끼지 않았지. 자신과 뜻을 함께하는 사람들을 많이 키우려고 애를 썼어.

당시 서울과 왕궁을 지키는 도성 방위군의 여러 군영은 매우 큰 힘을 가지고 있었어. 붕당의 원로대신들이 여러 군영을 틀어쥐고 있었지. 정조는 군영이 가진 어마어마한 힘을 알았기 때문에 '장용영'이라 불리는 왕의 친위 부대를 만들었어. 규장각과 마찬가지로 왕권을 튼튼하게 하려는 조치였지.

정조가 추진한 개혁

또한 정조는 각 고을의 수령에게 어명을 내려 농작물의 수확량을 늘릴 수 있는 방법을 연구하도록 했단다. 무엇보다 농민이 잘 살아야 나라가 부강해진다고 생각했거든.

또 시전 상인이 가지고 있는 금난전권을 없애는 개혁을 추진했지. 시전 상인이란 종로 일대에 점포를 가지고 나라에 물건을 파는 어용상인이야. 당시에 시전 상인이 가진 힘은 대단했어. 도성 안에서 물건을 거래할 수 있는 독점권을 가지고 있었거든. 이들 시전 상인들은 허가받은 시전과 함께 개인이 여는 난전을 금지할 권리도 가지고 있었어. 이를 '금난전권'이라고 해. 그런데 정조는 이 금난전권을 폐지했어. 일반 상인들도 도성에 들어와 자유로이 상업 활동을 할 수 있도록 길을 열겠다는 거였지. 하지만 시전 중 육의전에게는 나라에 필요한 물자를 댈 수 있도록 금난전권을 계속 허용하였어.

농업 생산을 늘리고, 금난전권을 폐지한 두 가지 개혁에는 나라를 부강하게 만들고자 하는 정조의 깊은 뜻이 담겨 있어.

나아가 정조는 서얼도 벼슬에 오를 수 있게 제도를 고쳤어. 그동안 서얼은 첩의 자식이라 양반으로 대우받지 못했어. 아무리 똑똑한 사람이라도 벼

어용상인
권력의 뒷받침 아래 궁중이나 관청에 물건을 대는 상인

육의전
명주·종이·어물·모시·삼베·무명을 파는 점포

슬을 할 수 없음은 당연했지. 《홍길동전》에 보면 서얼인 홍길동의 명대사가 있지.

"아버지를 아버지라 부르지 못하고, 형을 형이라 부르지 못하는 못난 자식 놈, 이 집을 나가겠습니다."

당시 서얼에 대한 차별이 얼마나 심했는가를 보여 주는 대목이야. 서얼들을 보듬어서 인재라면 가리지 않고 등용하겠다는 정조의 의지 덕분에 많은 인재들이 벼슬길에 나설 수 있었단다.

● 군영은 단지 군인의 막사였을 뿐일까?

18세기 영·정조 당시 서울을 지키는 도성방위군으로는 5개의 군영이 있었지. 각 군영의 대장 자리는 붕당에서 서로 탐내는 중요한 권력이었어. 붕당은 서로 군영을 장악하기 위해 싸웠단다. 왜 그랬을까?

군영은 국가, 특히 서울과 왕궁을 지키는 실질적 무력이었어. 서인들이 광해군을 몰아내고 인조를 왕으로 만들 때 1200명을 동원하였는데, 이 정도의 병력만으로도 왕궁을 지키는 병력을 깨뜨릴 수가 있었던 거야. 그 후 왕을 갈아치우는 데 성공한 서인들은 다른 자리는 남인과 나누어 가지면서도, 서울의 군영만큼은 혼자 차지하려 하였지. 무력을 지닌 군영이야말로 권력을 지켜 주는 강력한 버팀목이었기 때문이야.

또 군영은 막대한 돈을 주무르는 재정 기관이기도 했어. 농민들로부터 군포를 거두는 데다, 둔전이라는 넓은 땅을 가지고 있었고, 돈을 찍어내는 특권까지 있었으니까. 그런 만큼 붕당의 지도자들은 한번 군영의 요직을 맡으면 손에서 놓으려 하지 않고 어떻게든 군영을 쥐려 들었지. 탕평을 실시한 영조 때에도 세력을 얻은 붕당이 군영을 좌지우지했어.

그래서 개혁을 내건 정조는 군제를 뜯어고치고, 국왕 직속의 강력한 친위 부대를 만들어 붕당 우두머리들을 누르려고 애썼던 거란다.

정조는 이덕무·박제가·유득공·서리수를 규장각의 검서관으로 임명했어. 4명은 모두 서얼 출신이었지만 아주 뛰어난 선비들이었지.

그런데 정조가 갑작스레 죽자 그동안 추진해온 개혁은 힘을 잃고 말았어. 애써 만든 규장각과 장용영도 하루아침에 사라졌지. 왕위에 오른 순조의 친인척들은 왕권을 이용해 어린 왕 대신 국정을 좌지우지했어. 붕당 가운데서도 힘 있는 소수 가문이 권력을 독차지하는 세도 정치가 시작된 거지.

정조의 화성 건설

수원 화성은 정조 때 지어진 건축물이야. 유네스코에 의해 세계 문화유산으로 지정될 정도로 그 가치가 뛰어나지. 정조는 수원으로 사도 세자의 무덤을 옮기면서, 그곳에 신도시를 만들고 수도를 옮길 계획을 세웠어. 공사는 화성 유수인 채제공이 주도했고, 정조의 신임을 받던 실학자 정약용이 설계도를 그리고, 기중기를 개발해 공사를 도왔지.

화성은 굉장히 아름답게 완성되었단다. 하지만 이미 대포가 발명된 시대에 성은 더 이상 든든한 방어 시설이 될 수 없었지. 그럼 수원 화성은 세상의 변화를 읽지 못한 시대착오적인 건축물인 것일까?

그렇지는 않아. 화성 건설에는 고도의 정치적 계산이 깔려 있었단다. 정조는 탕평책으로 붕당 간의 싸움을 멈추고자 했어. 하지만 이미 오랜 시간이 지나 깊어진 골을 메우긴 굉장히 어려웠어. 그래서 정조는 붕당의 근거지인 한양을 떠나 새로운 왕도를 세우고 싶다고 생각했지. 화성 건설에는 정조의 이런 의도가 들어 있는 거야. 정조는 백성들의 민심을 잃지 않고, 신하들의 반대가 일어나지 않도록 2년 만에 신속히 공사를 끝냈어. 그리고 화성이 얼른 신도시로 자리 잡을 수 있도록 이주 장려책을 실행했단다. 청나라에서 수입한 모자와 개성 인삼의 판매권을 신도시로 옮겨 간 상인들에게만 주는 등 물산과 상인이 모여 신도시가 융성해질 수 있도록 계획했어. 이런 조치가 나라 경제를 살리는 시발점이 되기를 바랐던 거야.

하지만 화성이 준공된 지 얼마 되지 않아 정조는 갑작스러운 죽음을 맞이했어. 화성을 기점으로 삼아 새로운 정치를 기대했던 정조의 계획도 그렇게 무너지고 말았단다.

돋보기

장터 가는 사람들

　이형록이 그린 〈장터 가는 사람들〉이라는 그림에는 장에 가는 사람들이 그려져 있어. 사방에 하얗게 내린 눈이 장에 가는 장꾼들의 모습을 더욱 인상 깊게 하고 있지. "이랴, 끌끌!" 길마를 진 소가 앞장을 섰고, 말 등에는 바리바리 짐들이 실려 있네. 사

이형록의 〈장터 가는 사람들〉 ⓒ국립중앙박물관

람들은 지게를 지거나 등짐을 졌고, 더러는 회초리를 들고 바삐 길을 재촉하고 있어. 모두들 몸을 움츠린 채 종종걸음을 치는 걸 보니, 날이 무척 추운 것 같아. 장터 들목 국밥집이 꽤나 붐비겠지?

또 다른 그림인 김홍도의 〈배를 타고 강을 건너는 사람들〉을 보면 배를 타고 장에 가는 사람들의 모습이 잘 묘사되어 있어. 그림 속 나룻배가 장

김홍도의 〈배를 타고 강을 건너는 사람들〉 ⓒ국립중앙박물관

에 가려는 사람들로 만원이야. 땔감을 등에 진 소가 한가운데에 턱 앉았고, 사공 두 명이 노를 젓고 있어. 갓을 쓴 도포 차림의 양반이나, 맨상투의 백성이나, 너부데데한 아줌마도 모두 한 배에 탔어. 또 다른 배에 탄 사람은 등짐을 졌고, 여자는 아이를 안고 있어. 삿갓을 쓴 남자들은 아마 마소를 부리는 짐꾼일 거야. 돌아올 때엔 길마에

등짐을 가득 싣고 오겠지.

　장터를 오가는 사람들은 서로 인사를 나누며 소식을 전했어. 그림 속 할머니와 젊은 여자가 서로 얘기를 나누는 모습을 보니 아마 아는 사이인가 봐. 젊은 여자가 머리에 인 광주리에서 생선 꼬리가 보여. 오른쪽에 낀 바구니에는 푸성귀가 한껏 비어져 나와 있어. 한 사람은 장터에서 돌아오는 길이고 한 사람은 장터로 가는 길일 거야. 젊은 여자는 탐스러운 머리로 한껏 멋을 부렸는데 무거운 짐을 머리에 이고도 끄떡 없구나. 언제나 이런 식으로 장을 봐 왔다는 뜻이지.

　추위나 빗발에도 아랑곳하지 않는 장꾼들의 왕성한 활동 덕분에 장시가 번성할 수 있었어. 이렇게 장터는 북적이는 사람들로 늘 활기가 넘쳤지. 남자뿐만 아니라, 여자와 아이들도 함께 장에 드나들었어. 바리짐을 싣고 가기도 했지만, 쌀자루를 머리에 이고 가기도 했지. 대개 장이 서는 곳은 30리 안팎이었는데, 그림에서 보듯이 때로는 강을 건너기도 했어. 장터는 물건을 사고파는 장소였지만 왁자지껄한 놀이와 흥겨움이 가득한 축제의 장이기도 했단다. 장터를 묘사한 여러 그림들을 통해서 당시 시장의 모습을 알아 볼 수 있지.

신윤복의 〈할머니와 젊은 여자〉 ⓒ국립중앙박물관

과거에서 온 편지

개혁이 필요해!

여기도 양반, 저기도 양반이네. 이게 어찌 된 일이지? 아하, 공명첩이나 납속책으로 양반이 된 사람들이구나! 하지만 이렇게 양반이 많아지면 남은 백성들이 더 많은 세금을 내야 할 텐데 걱정이야. 이것 봐, 벌써 많은 백성들이 공물에, 군역에……. 1년 내내 한번도 안 쉬고 일해도 밥 한 끼 제대로 먹기 힘들잖아.

하지만 벼슬아치들은 백성들의 삶을 돌보기는커녕 싸움만 하고 있어. 영조와 정조는 탕평책을 세워 붕당 간의 화합을 위해 애쓰고 있네. 특히 정조는 왕권을 강화하기 위해서 여러 개혁 정책을 추진하려고 해.

정조의 갑작스런 죽음으로 그동안 추진한 개혁들이 물거품이 된 게 정말 안타까워.

새로운 학문 실학과 피어나는 서민 문화

나라가 혼란스럽고 백성들의 삶이 어려워지자
뜻있는 선비들은 현실을 개혁하고자 고심했어.
그들은 농민들이 처한 현실을 잘 알고 있었거든.
이런 연구들이 모여 새로운 사상이 생겨났어.
그들이 주장한 백성을 살리는 길은 무엇이었을까?
그 주장은 과연 실현되었을까?
한편 양반들의 문화가 전부인 것처럼 여겨지던 시대에
서민들도 독창적인 자신들의 문화를 만들고 누리기 시작했어.
백성들 사이에서 이런 서민 문화는 화려하게 꽃피었지.
당시에 유행했던 서민 문화는 어떤 것이 있었을까?

| 주요 사항 | 시대 |

허균 《홍길동전》 지음 16C 말~17C 초

이익 《성호사설》 간행 1740년

박지원 청 방문, 《열하일기》 저술 1780년

정약용 기중기 사용, 수원성 쌓음 1794년

신유박해, 정약용 유배지에서 실학에 몰두 1801년

신재효 판소리 연구, 6마당 만들어짐 19C 초

김정호 《대동여지도》 만듦 1861년

조선

가 보자, 여기
신재효 고택

전라북도 고창에는 판소리 후원자 신재효가 살았던 집이 있어.
신재효는 판소리 명창들을 후원하고, 판소리를 연구하는데 몰두했던 사람이야.
당시 널리 불리던 판소리를 정리해서 《춘향가》·《심청가》·《박타령》·
《가루지기타령》·《토끼타령》·《적벽가》등 여섯 마당 체계를 세웠어.
이 과정에서 내용과 어구를 고쳐 오늘날 우리가 듣는 판소리를 만들어냈지.
그의 문하에서 많은 명창들이 배출되었단다.
조선 시대 후기에 꽃피었던 판소리 문화.
이를 집대성한 신재효가 살던 집으로 가 보자.

새로운 사상, 실학이 싹트다

실학의 문을 연 유형원

왜란과 호란, 두 번의 전쟁을 치른 조선은 혼란스러웠어. 백성들의 삶은 나날이 팍팍해졌지. 그러자 나라와 백성을 살리려면 개혁이 필요하다고 주장하는 사람들이 나타났어. 그들은 학문이란 실제 생활에 쓸모가 있어야 하며, 현실을 개혁할 수 있어야 한다고 주장했어.

이런 학문을 '실학'이라고 불렀지. 그리고 실학을 연구하는 학자들을 실학자라고 했어. 실학자마다 연구하는 방향은 조금씩 달랐지만 나라와 백성을 위하는 마음은 한결같았단다. 제일 처음 실학의 바탕을 다진 사람은 반계 유형원이야. 뒤이어 수많은 학자들이 따랐단다.

유형원은 양반 집안에서 태어났지만 아버지는 당쟁에 휘말려 돌아가시고 할아버지와 어머니 밑에서 자랐지. 유형원은 역사·법률·지리·병법에 두루 능통한 '팔방미인형 학자'였어. 그는 선비의 도리란 나라의 나쁜 점을 고쳐 백성의 괴로움을 풀어 주는 것이라고 생각했어. 벼슬에는 뜻이 없어서 전라도 부안의 우반동 골짜기로 들어갔지. 그의 시에는 이런 그의 삶이 잘 드러나 있어.

세상 피해 남국으로 내려왔소.

바닷가 곁에서 몸소 농사지으려고
창문 열면 어부들 노랫소리 좋을씨고
베개 베고 누우면 노 젓는 소리 들리네.

유형원은 18년간 농민들과 다름없는 생활을 하며 백성을 살리는 방법을 연구했어. 유형원은 가장 큰 문제가 토지 제도라고 여겼어. 조선은 왜란을 겪으면서 땅이 황폐해져 농작물을 전쟁 전의 3분의 1도 생산해내지 못했었지. 하지만 전쟁이 끝나고 다시 땅을 보살펴 전처럼 농작물을 생산해낼 수 있게 되었어. 농민들이 땀 흘려 일한 노력의 결과였지. 그런데도 백성들의 형편은 나아지지 않는 거야. 소수의 지주들이 거의 모든 땅을 차지하고 있어서, 그 땅을 빌어 농사짓는 농민들은 힘들게 일해도 수확의 반을 지주에게 바쳐야 했거든. 게다가 굶주린 농민은 나라에서 환곡을 꾸어 먹었는데, 갚을 때는 높은 이자를 물어야 했어. 이런 불합리한 제도 때문에 대다수의 농민들은 고통스러운 생활을 이어가고 있었지. 유형원은 이런 농촌 현실을 안타깝게 여기며 개혁할 것을 주장했어.

환곡
백성들에게 봄에 꾸어 주고 가을에 이자를 붙여 거두는 곡식

"나라에서 농민은 물론이고 노비까지 고루 땅을 주어야 합니다."

이것이 그가 주장하는 '균전제'야. 유형원은 균전제를 실시하면 농민의 생활이 안정되고 국력도 튼튼해진다고 생각했어. 당시 나라에 세금을 내는 사람은 농민이었기 때문이야. 또 농민에게 매겨진 높은 세금을 줄이고 병역 이외에 잡다한 노동을 시키지 말아야 한다고 주장했어. 노비 제도도 없애자고 했지. 유형원의 개혁 방향은 그의 저서 《반계수록》에 체계적으로 담겨 있어.

몸소 농사지으며 사상을 세운 이익

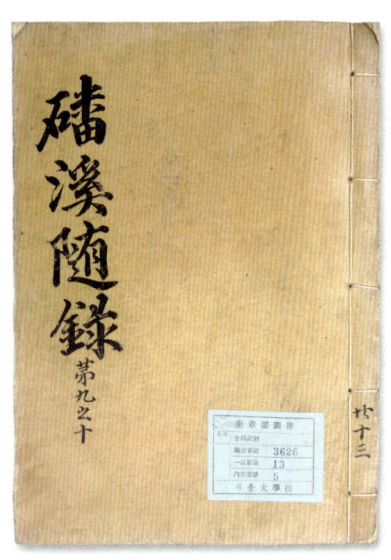

반계수록 ⓒ서울대학교 규장각

이익도 유형원처럼 갓난아기였을 때 아버지를 잃었어. 아버지가 당쟁에 휘말려 희생된 거야. 둘째 형도 화를 당해 죽고나자 일찌감치 벼슬을 포기하고 안산 첨성리에 묻혀 살면서 직접 농사를 지어가며 실학을 연구했어.

이익은 유형원이 쓴 《반계수록》의 서문과 전기를 지었으며, 그의 학문을 이어받아 실학 사상의 기틀과 체계를 세워 나갔어. 그는 실력이 쟁쟁한 제자들을 길러내어 학파를 이루었어. 안정복, 권철신, 이가환, 이중한 등이 모두 이익의 제자들이야.

이익도 유형원과 마찬가지로 토지 제도를 고쳐서 사회를 개혁해야 한다고 주장했어. 그는 한 사람이 가질 수 있는 땅의 크기를 제한하자고 했어. 그러면 힘 있는 사람에게 땅이 몰리는 것을 막을 수 있고, 땅 없는 사람이 사라질 거라고 주장했지. 나아가 농민들의 생활이 안정되고 나라가 부강해질 거라고 주장했단다.

"재물이란 하늘이 내리는 것이 아니라 백성의 피와 땀에서 나오는 것이다. 백성이 부유하면 나라도 부유해진다."

이익이 쓴 《성호사설》에 기록되어 있는 글이야. 또 이런 글도 볼 수 있어.

"몸소 농사의 어려움을 아는 자 가운데 덕망 있는 인재를 가려 높여서 등용해야만 기대할 수 있을 것이다."

이익은 양반 사대부만 관리가 될 게 아니라 서얼과 농민, 나아가 노비까지도 관리가 될 수 있어야 한다고 주장한 거야. 이를 위해 이익은 '천거제'를 제안했어. 시험 요령을 달달 익히는 과거 시험이 아니라, 시골에 묻힌 참신한 인재를 추천하는 천거제를 통해 관리를 뽑아 나랏일을 맡기자는 거야. 당대의 상식을 깨는 파격적인 생각이었지.

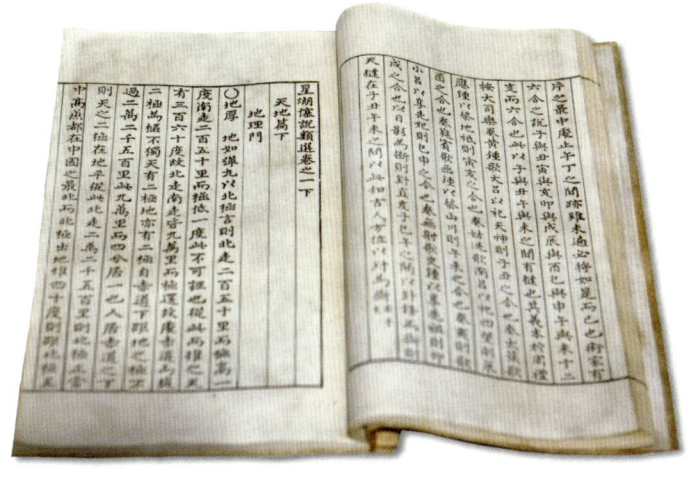

이익의 《성호사설》

실학의 큰 봉우리 정약용

유형원에서 시작된 실학의 물줄기는 이익에게 이어져 큰 강물을 이루었고, 마침내 바다로 흘러갔는데 그 바다가 다산 정약용이야. 정약용에 이르러서 실학의 모든 유파는 하나로 집대성되었어. 이와 같은 업적을 이루게 된 것은 정약용이 규장각에서 정조의 신임을 받으며 오랫동안 학문을 연구한 데다 기나긴 유배 생활을 통해 깊은 성찰을 할 수 있었기 때문이지.

정약용은 앞의 실학자들 중 특히 이익의 영향을 많이 받고 성장했어. 이익의 제자들 가운데는 사회를 이대로 놔둘 수 없다며 근본적인 개혁을 꿈꾸는 사람들이 있었지. 이벽 같은 사람인데, 이벽은 정약용의 외가로 연결되는 친척이야. 이벽은 두물내에 있는 정약용의 집으로 놀러와, 서학에 대해 알려주기도 했지. 이때껏 유학만을 알던 정약용에게 이벽의 이야기는 천지가 열리는 듯한 충격이었다고 해. 정약용은 누구보다 학문적 호기심이 많았던지라 이때부터 서학 책을 두루 읽었어. 그래서 나중에는 천주교를 믿었다는 이유로 박해를 받기도 했지.

정약용은 서울에서 벼슬살이를 시작하면서 이익의 증손자인 이가환과

서학
천문·지리 등의 과학을 포함한 서양 학문

사귀었고, 그로부터 이익의 넓은 학문 세계를 알게 되었지. 나중에 정약용은 흑산도로 유배된 작은 형에게 보낸 편지에서 '우리들이 천지가 웅대하고 해와 달이 밝은 것을 알게 된 것은 모두 이익 선생 덕분'이라고 돌이켰을 정도였어.

정약용은 정조의 사랑을 받으며, 곡산부사를 지냈고 신도시 화성 건설에도 참여했어. 그러나 정조가 죽으면서 고통스런 운명을 감수해야만 했지. 정약용을 미워한 세력들은 그를 천주교도로 몰아 벼슬에서 내쫓고 죽이려고 별러 댔어. 그는 하루아침에 천리 밖으로 귀양을 떠나 18년 동안 고향

다산 정약용 묘소

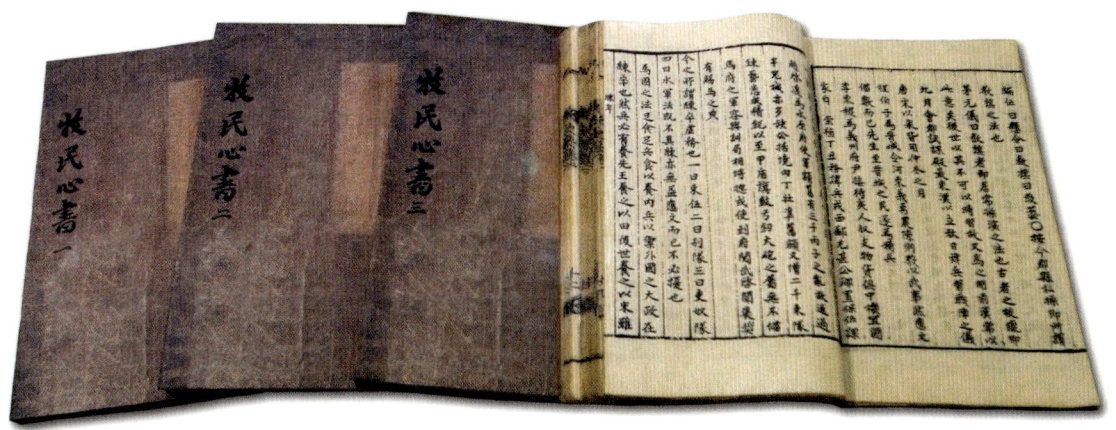

목민심서

에도 돌아오지 못한 채로 시름의 나날을 보냈단다. 하지만 유배지에서 생활하는 동안 백성의 고통이 무엇인지를 보았고, 어떻게 해야 백성을 구할 수 있는지 깊이 생각했어.

  정약용이 보기에 가장 큰 문제는 부의 원천인 땅의 소유에 있었어. 소수의 지주들이 대부분의 땅을 차지하고, 정작 농민은 땅이 없어 생산 의욕을 잃어버렸기 때문에 결국 나라마저 가난해지고 있다고 생각했지. 그래서 정약용은 '여전제'를 주장했어. 마을 사람들이 땅을 공동으로 소유하고 일한 만큼 수확을 나누어 갖자는 거야. 일을 많이 한 사람은 많이 가져가고 적게 한 사람은 적게 가져가는 거지. 스승 이익이 개인별 땅의 소유를 제한하자고 한 것에서 훨씬 나아간 혁명적인 제안이었지. 나중에 정약용은 이 주장을 조금 고쳐서, 땅의 공동 경작과 수확물의 공동 분배는 유지하되, 나라에 내는 세금은 공동 경작지에서 조달하자는 내용의 '정전제'를 주장했단다.

  한편 관리들의 기강을 바로 세우는 것도 시급한 문제라고 보았어. 그래서 《목민심서》를 지어 관리들이 해야 할 도리를

법치
법률에 의해 나라를 다스리는 정치

적었어. 관리가 백성을 수탈하는 일이 없는 공정한 법치의 세계를 꿈꾼 거야.

"백성들의 피와 골수를 모두 짜내어 지방관을 살찌게 하니, 백성들이 지방관을 위해서 태어난 것인가? 아니다. 그 반대다. 지방관은 모름지기 백성을 위해서 있어야 하는 것이다."

정약용의 공부 방향은 나라 운영의 큰 체계를 세우는 쪽으로 나아갔어. 그리고 이곳저곳에서 벌어지는 문제점을 세세히 짚어 일대 개혁안을 제시하였는데, 그 내용이 《경세유표》에 모아져 있지. 이 책을 마무리하였을 즈음 그는 고향에 돌아올 수 있었지만 다시 벼슬에 나가 구상을 실행에 옮길 기회는 주어지지 않았어. 그의 개혁안이 그대로 묻혀 버린 건, 개인의 불행이기도 하지만 백성과 조선의 불행이기도 해.

오랑캐 것이라도 배우자는 박지원과 박제가

지금까지 소개한 유형원·이익·정약용은 모두 농업 중심의 개혁을 주장한 실학자들이야. 농업은 조선 시대에 가장 중요하게 생각하던 산업이었으니까. 그런데 농업이 아니라 상공업에 관심을 둔 실학자들도 있었어. 특히 박지원과 박제가를 손꼽을 수 있지.

박지원은 조선 후기의 실학자 겸 소설가야. 청나라를 다녀와서 쓴 여행기 《열하일기》에는 청에 대한 그의 생각이 잘 드러나 있지. 이 책에서 그는 청나라의 우수한 문물과 제도를 조선에 들여

박지원의 《양반전》 중에서

오자고 했어. 즉 오랑캐의 것이라 할지라도 배울 만한 것은 배워야 한다는 주장이었지. 그러면서 그는 벽돌이며 수레가 생활에 얼마나 도움이 되는지를 밝혔어. 그런데 수레가 제대로 달리려면 길이 잘 닦여 있어야겠지? 즉, 한 가지라도 온전히 받아들이려면 자연히 더 근본적인 문제가 거론될 수밖에 없는 거야. 그러면 전반적으로 개혁이 진행될 수 있는 거지.

한편 박지원은 한문 소설을 많이 썼어. 소설을 통해 양반들의 가식과 체면치레를 풍자하곤 했지. 박지원이 쓴 《양반전》이나 《호질》, 《허생전》에는 양반을 비꼬는 내용이 많이 담겨 있단다. 그리고 《과농소초》에서는 토지 제도를 뜯어고쳐, 부자들이 많은 땅을 차지하지 못하도록 한도를 정하자고 주장하기도 했어. 하지만 양반들은 그런 박지원이 달갑지 않았어. 자기들이 오랑캐라 비웃는 청나라를 오히려 배우자고 하는데다, 자기네를 대놓고 비웃는 게 영 못마땅했던 거야. 그래서 양반들은 양반 출신이면서도 양반을 비꼬고 욕하는 박지원의 생각을 결코 받아들일 마음이 아니었지.

박지원의 제자였던 박제가 역시 청나라를 배우자고 했어. 그의 주장은 《북학의》에 잘 드러나 있지.

"지금 나라의 큰 괴로움은 한마디로 가난이다. 가난을 어떻게 구제하겠는가? 청나라와 무역을 하는 길밖에 없다."

그러면서 그는 양반도 일해야 한다고 주장했어.

"무릇 땅과 바다를 오가면서 장사하는 일은 양반이 맡아야 한다. 그들에게 혹은 자금을 빌려 주고 혹은 점포를 세워 주고 혹은

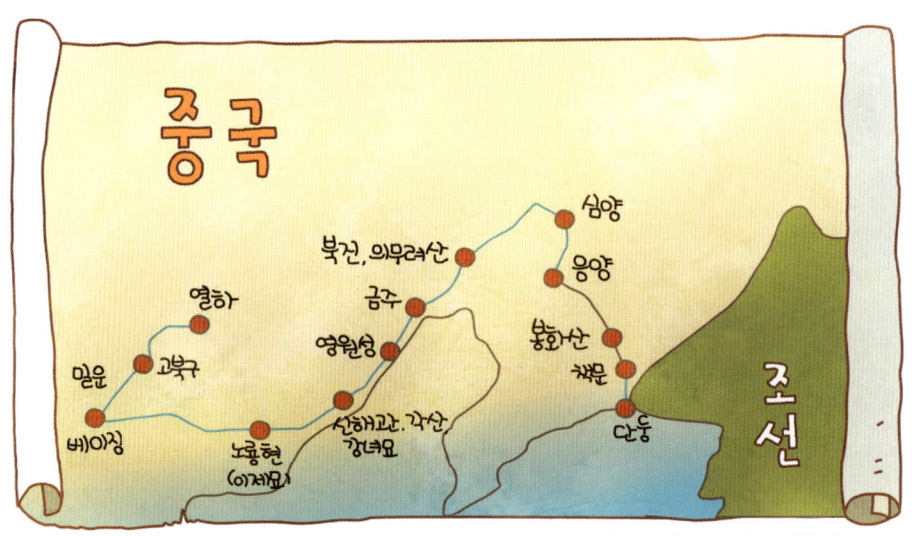
박지원이 베이징까지 가면서 거친 길

뛰어난 자를 세워서 날마다 이익을 추구하게 한다면 놀고먹는 자의 수가 줄어들 것이다."

장사라 할지라도 글을 아는 양반이 하면 더욱 좋을 거라는 얘기지. 박제가는 놀고먹는 양반을, 나라의 좀이라고 꼬집었어. 앞에서도 말했지만 박제가는 서얼 출신으로 규장각 검서관이 된 사람들 중 하나야. 정조가 아끼던 선비였지. 밤낮을 가리지 않고 공부에 빠졌다가 한쪽 눈이 멀었다고 해. 이런 치열한 탐구열 덕분에 박제가는 조선의 진짜 문제점이 무엇인지 알게 된 거야. 그래서 조선을 살리려면 양반도 장사를 하라고 과감하게 주장한 거지.

양반 사회에 부는 새 바람

18세기에 들어서자 조선 사회에는 변화의 바람이 불기 시작했어. 예전

● 실학은 성공한 학문인가?

　실학은 당대의 과제를 해결하기 위해 새롭게 생겨난 학문이야. 실학자들은 학문이란 실제 생활에 도움을 줘야 한다고 생각했어. 나라 살림을 튼튼히 하고 어려움에 빠진 백성들을 살려야 한다고 주장했지. 하지만 이런 주장을 펴면서도 실학자들은 제 생각을 실천할 만한 벼슬자리에 있지 못했단다.

　정약용의 경우도 젊은 시절에만 정조의 신임을 받고 벼슬을 했을 뿐, 정작 학문의 체계가 제대로 세워졌을 때는 유배 중이라 정치에 참여하지 못했지. 다시 말해 실학자들 대부분이 초야에 묻혀 있었고, 현실 정치와는 연이 닿지 않았던 거야. 그러니 공들여 짠 개혁안도 실천에 옮길 수가 없는 거지. 고심하며 만든 청사진이 빛을 보지 못하고 묻혔으니 참 안타까운 일이야.

　실학은 뒤늦게야 가치를 인정받았어. 박규수를 통해 초기 개화 사상에 영향을 미쳤고, 구한말 광무 개혁과 애국 계몽 운동이 일어날 때도 참조되었지. 하지만 그땐 나라 형편이 실학만으로 바로잡기는 힘들었어. 실학은 당대의 현실을 개혁하는 데 반영되지 못했어. 이로써 나라를 개혁할 수 있는 기회를 놓쳐 조선이 식민지로 떨어지는 길은 피할 수 없게 되었다고 볼 수 있지.

에는 양반이 사회의 주인이었기 때문에 양반 문화만 최고로 쳤지. 양반들은 경치 좋은 곳에서 기생과 함께 술잔을 기울이며 놀았어. 때로는 자연을 감상하며 한시를 짓거나 시조를 읊기도 했지. 백성들은 손에 물 한 방울 안 묻히고 놀고먹는 양반들이 얼마나 미웠겠니! 백성들은 문화와 예술을 통해 양반들을 조롱하거나 비꼬기 시작했는데, 여러 곳에서 그런 움직임이 나타났지. 처음에는 적은 수였지만 나중에는 하나의 뚜렷한 흐름을 만들어냈단다.

　양반층 안에서도 우리의 역사와 문화를 새롭게 바라보려는 움직임이 일

정선의 〈인왕제색도〉
ⓒ삼성미술관 리움

었어. 중국의 산세나 풍경이 가장 으뜸이라는 생각을 극복하고 점차 우리 산수의 아름다움도 인정하고, 중시하게 되었지. 중국 그림의 화풍을 베끼는 것에서 벗어나 우리의 산과 강, 사는 모습을 그리는 화가들이 등장한 거야.

  정선이 그린 〈진경산수화〉, 〈인왕제색도〉를 보고 사람들은 깜짝 놀랐어. 우리의 산과 강을 화폭에 담았을 뿐더러 그림이 아주 뛰어났거든. 정선과 더불어 최북도 산수화를 잘 그렸어. 특히 금강산을 돌아보고 그 아름다움에 반해서 내놓은 〈금강산도〉는 굉장한 걸작이지. 이인상은 양반 출신인데도 당시 양반들이 천하게 여기는 그림에 도전하여 〈버드네 주막〉이라는 그림을 남겼어. 또 우리가 잘 아는 김홍도, 신윤복 같은 화가들은 양반과 서민들의 삶을 그림에 고스란히 담아냈어. 둘 다 도화서에 속한 화원으로 풍속화와 인물화를 그려 새로운 흐름을 이끌었지.

문학에서도 중국 시만을 따르는 자세를 버리고, 우리의 산천을 다루고 우리의 감정을 노래하는 시인들이 나왔어. 실학자 정약용은 사상가이면서 위대한 시인이었는데, 그는 당당히 이렇게 말했어.

"나는 조선 사람이므로 조선 시를 즐거이 짓겠노라."

자기의 시에다 '보릿고개'니 '마파람'이니 하는 토속어를 집어넣었고 백성들의 삶을 본격적으로 다루었어. 소설에서도 박지원이 재기발랄한 문체로 양반 사회를 비판해서 큰 충격을 주었지. 경전의 엄숙한 문체에 비하면 감히 상상할 수 없는 신선한 문체였어. 《양반전》,《허생전》은 그런 문체가 두드러지는 소설이지.

도화서
조선 시대에 그림에 관한 일을 맡아보던 관아.

단원과 혜원의 비교 감상

단원 김홍도(1745~?)와 혜원 신윤복(1758~?)은 조선 후기에 쌍벽을 이루었던 화가들이야. 두 사람을 한번 비교해 보자.

두 화가의 공통점은 둘 다 궁중의 도화서에서 전문 화가로 활약했다는 거야. 그리고 언제 세상을 떴는지 명확하지 않다는 점도 비슷해. 도화서는 궁중의 중요 행사를 기록으로 남기거나, 왕의 초상화를 그리는 일을 맡는 기관이지.

하지만 두 사람은 다른 점도 굉장히 많아. 단원은 문인화로 이름 높은 강세황에게 그림을 배웠어. 문인화란 양반들이 취미삼아 그리는 그림을 말하는데, 색깔을 쓰지 않고 매화나 난초 같은 걸 그리지. 오직 먹만으로 그리는 까닭에 단출한 느낌을 주므로 현란한 채색화와는 거리가 있어. 이런 스승을 둔 탓인지, 단원은 선의 굵고 가늚이나 먹의 옅고 짙음만으로 대상을 표현하는 솜씨가 뛰어났어.

단원은 초상화와 산수화 등 여러 방면에 두루 능통했지만, 풍속화에서 더욱 이름을 떨쳤어. 〈기와 올리는 그림〉, 〈타작도〉, 〈서당〉, 〈활쏘기〉 등이 대표적인 작품이야. 모두 당시 사람들의 생활을 그린 건데, 익살스럽고 정겨운 느낌이 물씬 풍긴단다. 지붕에 앉아 날렵하게 기와를 놀리는 〈기와 올리는 그림〉의 일꾼을 보면 덩달아 신이 나지 않니? 〈타작도〉에서도 인물의 흥이 느껴져. 장죽을 물고 돗자리에 비스듬하게 누운 팔자 좋은 양반과, 벼를 훑고 털고 쓸고 나르느라 정신없는 농부들이 대비를 이루

김홍도 〈기와 올리는 그림〉 ⓒ국립중앙박물관   김홍도 〈타작도〉 ⓒ국립중앙박물관

고 있어. 고된 일을 하면서도 풍년이 들었는지 하나같이 밝은 표정들이야.

　혜원의 대표적인 작품으로는 〈봄 소풍〉, 〈단옷날 풍경〉, 〈기방 앞 풍경〉, 〈달밤의 두 연인〉, 〈미인도〉 등이 있어. 〈단옷날 풍경〉의 그네를 탄 여자를 봐. 바람에 나부끼는 빨간 치마가 정말 화려하지? 색채를 자유자재로 사용하는 혜원의 민감한 색감이 잘 드러나고 있어. 그림 〈미인도〉를 볼까? 큰머리를 하고, 살짝 연지를 바른 여인의 모습이 아주 세밀해. 부푼 치마에 가슴을 단단히 조인 저고리를 입었는데, 보라색 옷고름에 자주색 호박이 달려 있구나. 얼굴은 둥글고 눈썹은 초생달이야. 머리칼이며

치맛자락의 물결까지 섬세하게 그려놓았지. 혜원이 생각한 미인이 어떤 모습이었는지 알겠어.

혜원의 그림은 단원의 그림과 느낌이 많이 다르단다. 무엇보다, 색깔이 화려해 보이지? 색을 아낀 단원에 비하면 정말 과감한 채색이야. 또, 단원은 인물을 그릴 때 주변은 생략해 버리는데, 혜원은 배경을 꼼꼼히 재현하지.

단원과 혜원은 같은 시대를 살면서도 서로 다른 화풍을 개척했어. 이런 화가들이 바탕을 다져놓은 덕분에 겸재 정선에 이르러 '진경' 산수화가 열리게 되었지. 중국 그림을 제일로 알고 본 따서 그리는 태도를 버리고, 우리의 산천을 우리의 화풍으로 그려 내는 새로운 시도가 시작된 거야.

신윤복 〈미인도〉
간송미술관 소장

신윤복 〈단옷날 풍경〉 간송미술관 소장

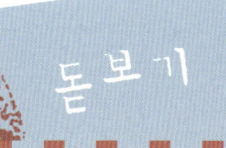

허생은 어떻게 100만금을 벌었을까?

《허생전》은 조선 말기 실학자 연암 박지원의 소설이야. 가난뱅이 선비가 하루아침에 100만금을 벌었다는, 믿기지 않는 이야기지.

허생은 남산 밑 묵적골에 사는 가난한 선비였어. 찌그러진 초가집 골방에 박혀 글 읽는 것만 좋아해서, 마누라가 삯바느질을 하여 살림을 꾸렸지. 그러던 어느 날 허생은 아내의 구박을 견디다 못해, 공부를 작파하고 갑부 변 씨를 찾아갔어. 그리고 배포 좋게 1만 냥을 꾸었지.

1만 냥이란 큰 돈을 가지고 허생은 곧장 안성으로 내려갔어. 그는 장터에 나가서 밤·대추·감·배·석류·귤·유자를 닥치는 대로 사들였어. 그리고 그걸 큰 곳간에다 쌓아 쟁였지. 오래지 않아 한양의 과일이 동났어. 사람들이 잔치를 치르거나 제사를 지내려 해도 과일이 없어 상을 차릴 수가 없었지. 과일 장수들이 와서 사정을 하였고, 허생은 10배의 이득을 챙겼단다.

"1만 냥으로 경제를 쥐락펴락하다니 조선의 허약함을 알겠구나."

이번에는 칼·호미·무명·명주·솜 등을 모조리 사들였어. 그리고 제주도로 건너가 물건을 몽땅 처분하고, 대신 말총을 모조리 사들였지.

"몇 해 못 가서 나라 안 사람들은 상투조차 틀지 못하게 될 것이다."

과연 오래지 않아 망건 값이 무려 10배나 뛰었어. 허생은 말총을 내다 팔아 100만금을 챙겼다는구나.

부럽기도 하고, 믿기 어렵기도 하지? 하지만 《허생전》의 내용이 전혀 근거 없는 허무맹랑한 이야기는 아니야. 《허생전》의 무대나 인물은 역사적 사실에 바탕을 두고 있어. 우선, 허생에게 돈을 빌려 준 갑부 변 씨는 당시 국제 무역으로 큰 돈을 번 역관 변승업을 말한 거라고 해. 소설에 등장하는 안성은 실제로 삼남에서 서울로 들어가는 갖가지 물건이 꼭 거치는 통로였지. 또, 말총은 말꼬리에 난 털인데 망건을 짜고 감투와 갓을 만드는 재료였어. 말을 많이 기르는 제주로

박지원 초상

가기 위한 길목이 바로 해남이야. 그렇기 때문에 해남에는 말총을 사 모으는 장사꾼이 항상 많았지.

허생이 돈을 번 방식은 한마디로 '사재기' 야. 시중의 물건을 모조리 사들인 다음 값이 올라가면 파는 거지. 이런 수법을 쓰는 장사치들을 '도고' 라 불렀어. 비단 소설 속의 이야기가 아니라 실제로도 사재기가 자주 있어 백성들의 삶을 어렵게 만들곤 했단다. 1738년에는 서울 마포의 싸전 상인들이 쌀을 사재기하는 바람에 굶어 죽게 된 서민들이 폭동을 일으킨 적도 있었지. 나라에서 주모자를 잡아다 처형하고서야 가까스로 소동을 가라앉힐 수 있었는데, 이 무렵 악덕 상인들의 사재기는 퍽이나 빈번한 일이었어.

인기 높은 한글 소설

훨씬 놀랍고 새로운 변화가 사회 밑바닥에서 일어나고 있었단다. 그중 하나가 바로 한글 소설이야. 한글이 더 쉽고 빨리 익힐 수 있다는 건 누구나 알 거야. 하지만 양반들은 한글을 언문이라 하며 무시하였고 여자나 상것들만 쓰는 것이라고 생각했어. 하지만 백성들이 익히고 의사소통하기에 더할 나위 없이 편리했지. 그래서 점차 한글 소설들이 많이 만들어졌어.

예전에는 《삼국지》처럼 중국을 무대로 삼은 소설만 있지 우리 현실을 드러내는 책이 없었어. 그런데 17세기에 한글 소설 《홍길동전》이 나온 거야. 뒤이어 《구운몽》, 《춘향전》도 나왔지.

《홍길동전》의 줄거리는 잘 알지? 서자 출신인 홍길동이 출세할 수가 없어 도적이 되었다가, 결국 율도국의 왕이 된다는 이야기야. 《춘향전》은 기생의 딸 춘향과 양반집 도령 이몽룡이 사랑을 나누고 마침내 결혼하는 이야기지. 사실 조선 사회에서 그게 가능한 일이었겠니? 소설로나마 높은 신분의 벽을 과감히 허물어뜨려 버린 거지.

이런 소설은 도시와 시골을 가리지 않고 널리 퍼졌어. 도시에는 한글 소설을 돈을 받고 빌려 주는 가게가 생겨났고 소설책을 갖고 다니며 팔거나, 돈을 받고 한글 소설을 재미있게 들려주는 전문 이야기꾼까지 나타났단다. 그들을 '전기수'라고 불렀어. 얼마나 구성지게 책을 읽는지, 사람들이 끊이지 않고 모여들었어. 책을 그냥 읽는 게 아니라 슬픈 대목에는 땅이 꺼지듯이 구슬프게, 비꼬는 대목에는 배가 아프도록 웃기게 만들었거

든. 이야기가 절정에 이르면 더욱 귀가 쫑긋해지기 마련이잖아. 그런데 이 대목에서 전기수는 이야기를 뚝 끊어버리는 거지.

"홍길동이 잡혔소, 아니면 도망갔소?"

"옛다, 동전! 빨리 이야기해 주시오!"

안달이 난 사람들은 다음 대목을 들으려고 전기수에게 돈을 막 던져 주는 거야. 때로는 이야기꾼을 집안으로 불러들여서 듣기도 했는데, 당시에는 여자들의 바깥출입이 자유롭지 못했기 때문이야.

한글 소설은 대개 누가 지었는지 분명하지 않아. 또 같은 작품이라도 줄

춘향전의 무대, 광한루

거리와 묘사가 각기 다른 수많은 판본이 있어. 소설이 입에서 입으로 전해지면서 조금씩 바뀌었기 때문이야. 폭발적으로 인기가 늘자 책의 종류도 늘어났어. 《장화홍련전》·《숙향전》·《홍길동전》·《흥부전》·《심청전》·《임경업전》 등이 엄청난 인기를 누렸던 책들이야. 오늘날에도 어른 아이 할 것 없이 모두 읽어 본 것들이지?

탈춤과 판소리의 유행

"덩기덩기 덩더꿍, 덩기덩기 덩더꿍!"

얼굴에 탈을 쓰고 어깨는 들썩, 두 팔은 덩실 움직이며 추는 춤을 보았지?

탈놀이는 '탈춤'이라고도 해. 주로 사람들이 많이 모이는 관아나 장터, 나루터에서 공연되었지. '봉산탈춤'은 파계승과 양반을 비꼬는 내용이야. 말뚝이가 주인공으로 나오는데, 얼굴에 탈을 쓰고 마음껏 양반을 놀려 먹지. 이것을 보는 사람들은 깔깔대며 그동안 양반에게 억눌린 마음을 풀었어.

파계승
계율을 깨뜨린 승려

오늘은 송파장에서 탈춤 판이 벌어지는 날이에요. 모두들 빙 둘러서 구경해요. 무거운 지게를 옆에 세운 항아리 장수, 비릿한 생선 냄새를 풍기는 생선 장수, 엿판을 든 엿장수, 장 보러 나온 아저씨들, 젖 먹이는 아줌마, 엄마 아빠 따라 올망졸망 장터 따라온 아이들까지 북새통을 이루었어요. 이윽고 탈춤 판이 무르익자 검은 패랭이를 쓴 양반 집 종 말뚝이가 흰 점이 다닥다닥 붙은 탈을 쓰고 채찍을 들고 등장하였어요.

말뚝이 : (밑에서 위로 채찍을 들어올리며) 샌님, 샌님. 허허, 샌님!

(말뚝이 뒤로 언챙이 샌님, 갓 쓴 서방님, 복건을 쓴 도련님 순으로 양반 까치걸음으로 나온다.)

샌 님 : 말뚝아, 말뚝아, 야! 이놈 말뚝아?

말뚝이 : (말뚝이는 들은 척도 안하다가 천천히 샌님 옆에 다가가며) 예잇! 말뚝이 대령이오.

샌 님 : 말뚝아, 듣거라! 날이 저물었으니 묵을 곳을 하나 정하라.

말뚝이 : 예잇! (땅을 치며) 우리 집 샌님인지 대님인지 졸님인지 하는 놈이 날 부르기를 말뚝아, 꼴뚝아, 깍뚝아 하고 오뉴월 장마 통에 나막신 찾듯이 막 부르더니 겨우 자고 갈 집 하나 정하라고? 내가 제 집에서 종노릇 해 먹고 사는 형편이니 묵을 곳을 정하는 수밖에 없지.

(말뚝이는 왼다리를 접었다 폈다, 온몸을 좌우로 비켜 뛰다가 채찍을 잡고 깨끼걸음으로 뛰는 말뚝이 춤을 춘다. 양반들도 춤을 춘다.)

말뚝이 : (소리를 지르며) 쇠뚝아, 쇠뚝아.

쇠뚝이 : 어떤 놈이 날 불러?

말뚝이 : 자네한테 부탁이 있어 찾아왔네.

쇠뚝이 : 무슨 청인가? 뭐 달라는 소리만 말고 다 들어줌세.

말뚝이 : 여보게, 이리 좀 와 보게. (쇠뚝이를 끌어 양반들을 가리키며) 저 건너편의 저것들을 좀 보게. 저것들이 우리 집 상전일세. 저기 윗입술이 쭉 째진 게 우리 집 샌님이고, 그 다음 멀쑥하니 큰 물건이 서방님이고, 끝에서 깝쭉깝쭉 까부는 게 우리 집 도련님일세. 그런데 저것들이 송파 산대놀이 구경을 왔다가 날은 저물어 묵을 곳을 하나 정하라는데, 이 근처에서 다정한 친구라야 자네밖에 더 있나?

쇠뚝이 : 그야 그렇지!

말뚝이 : 그러니 묵을 곳을 하나 정해 주게.

쇠뚝이 : 오랜만에 다정한 친구가 찾아와서 부탁하는데 안 들어줄 수 있나. 그럼 내 묵을 곳을 하나 정해 봄세!

(쇠뚝이가 말뚝이 귀에 대고 소곤거리며 뭔가 시늉을 한다. 기다리다 지친 샌님이 말뚝이를 부른다.)

샌 님 : 야, 이놈 말뚝아! 말뚝아! 말뚝아!

말뚝이 : (천천히 다가가며) 예잇! 말뚝이 대령이오.

샌 님 : 묵을 곳을 정했느냐?

말뚝이 : 예잇, 정하기는 정했소.

샌 님 : 어따 정했느냐?

말뚝이 : (가리키며) 저기 저 고개 넘어 양지 바른 곳에 명당자리가 있어 터를 널찍이 잡아놓고, 토담을 뚜루루루 둘러놓고, 참나무로 깎아 만든 말뚝을 여기도 박고 (샌님 가랑이 밑에 박은 시늉을 하니 샌님이 깜짝 놀라 물러난다.) 여기도 박고 (서방님 앞에 박는 시늉을 한다.) 저기도 박고 (도련님 앞에 박는 시늉을 한다.) 듬성듬성 박아 놓고, 거시기 뭐냐, 문은 하늘로 내었소!

샌 님 : 예끼 이놈, 그럼 돼지우리가 아니냐?

말뚝이 : 영락없이 돼지우리죠! (채찍으로 양반을 치면서 돼지 모는 흉내를 내며 퇴장한다.) 양반 돼지 나가신다. 두우! 두우!

하하하, 호호호! 사람들이 웃음보를 터뜨렸어요. 말뚝이한테 꼼짝 못하고 당하는 양반을 보면서 얼마나 속 시원한지 배꼽을 잡고 웃는 거예요. 구경하던 항아리 장수는 하도 웃다 와장창 지게가 넘어가고, 웃던 생선 장수는 누군가 생선을 슬쩍 훔쳐가는 것도 몰랐어요. 엿판 든 엿장수는 신이 나서 마구 가위를 짤랑거렸어요. 봄날이 까뭇까뭇 저문 지도 모르고 말이에요.

탈놀이를 공연하는 광대는 천민이라 노비와 마찬가지로 푸대접을 받았어. 하지만 탈놀이는 글을 알지 못하는 사람도 즐길 수 있었지. 아무나 그 자리에 가서 보고 들을 수 있었으니 말야. 탈놀이는 억눌린 서민들의 마음을 시원하게 풀어 주었기 때문에 인기가 높았던 거야. 지방에 따라 황해도 봉산탈춤, 고성 오광대놀이, 서울 송파 산대놀이가 있어.

판소리도 인기가 많았단다. 판소리는 줄거리를 가진 노래를 고수와 소리꾼이 공연하는 형식이야. 《춘향가》·《흥보가》·《수궁가》·《심청가》·《적벽가》 등 여러 작품이 있지. 탈놀이처럼 사람이 많이 모이는 곳을 찾아다니며 공연을 했어. 무대에 오른 소리꾼은 북치는 고수만을 데리고 노래와 몸짓으로 관중을 울렸다 웃겼다 하는 재주가 있었어. 관중들은 흥에 겨워 '얼쑤', '조오타', '잘한다' 등의 추임새를 넣으며 판소리에 빠져 들었단다.

판소리에 특히 뛰어난 명창은 부잣집 잔치에 불려가 공연을 하기도 했어. 양반들도 서민들이 즐기는 판소리를 들어보니 좋거든. 임금 앞에서 공연하는 일도 생겨나고 상으로 벼슬을 얻는 사람도 생겼지. 판소리의 매력에 흠뻑 빠진 신재효는 양반이지만 광대들을 불러 모아 제자를 길러 냈어. 초기 판소리에는 양반을 비꼬는 내용 등이 많아 서민들이 즐겼지만 19세기 이후에는 양반들도 판소리를 즐겼어. 판소리 내용에 한문 투가 많아지고 내용도 양반 취향으로 바뀌었지.

18세기 들어 문화를 즐기고자 하는 서민의 바람이 커졌어. 그래서 한글 소설의 인기가 높았고, 많은 사람들이 탈놀이와 판소리를 들으려고 장터에 모인 거야. 이런 서민 문화는 방방곡곡의 장터를 통해 점점 널리 퍼져 갔어. 이것은 양반 문화와는 판이하게 다른 문화였지. 이렇게 서민의 시름을 달래고 즐거움을 주는 문화가 생겨난 이유는 서민의 힘이 크게 성장했기 때문이야. 서민이 문화를 만들고 즐기게 되었다는 것은 그들이 역사의 주인공으로 당당히 나서게 된다는 예고나 마찬가지였어.

● 판소리의 편집자, 신재효

　동리 신재효는 원래 경기도 고양 출신이야. 고창에 내려와 아전 노릇을 하면서 나중에 소리 광대, 즉 소리꾼들의 후원자가 되었지. 고창 읍내에 있던 그의 집은 정자와 벽오동이 있는 작은 별세계였어. 집에는 소리꾼 지망생들이 오래 묵을 수 있도록 여러 개의 방이 있었지. 신재효는 광대들을 가르치기만 한 게 아니고, 판소리를 모아 자기 식대로 편집하기도 했던, 판소리의 집대성자란다. 그는 비속한 가사를 빼고 충효를 강조하는 내용을 집어넣어, 본래 판소리가 가진 서민성을 해쳤다는 지적을 받기도 해. 그의 손을 거쳐 오늘날 판소리 여섯 마당이 굳어졌다고 하는구나.

신재효의 옛집, 동리정사

돋보기

김정호와 대동여지도의 진실

《대동여지도》에 대해서 들어본 적이 있지? 이 지도는 당시의 지도 제작 성과를 한자리에 모은 결정판이야. 이 지도에 이르러서야 조선의 산천은 한층 정확한 모습으로 표현될 수 있었지. 길이 7m, 폭 3m에 이르는 이 지도를 만든 사람은 모두들 잘 아는 고산자 김정호야. 그런데 김정호는 국립지리원에 소속되어 있지 않은 민간인이었는데 어떻게 이런 거대한 지도를 만들 수 있었을까?

옛 교과서에서는 김정호가 백두산을 수없이 오르내리고 팔도를 매주 밟듯이 뒤지고 다닌 끝에 만들었다고 했어. 그런데 이렇게 한 사람의 고생스런 일대기만을 내세우는 것은 국가 차원에서 정교한 지도를 만들기 위해 힘써 온 우리의 역사를 무시하는 잘못된 태도야. 《대동여지도》는 우리 선조들이 계속해서 뛰어난 지도 제작을 위해 노력했기 때문에 만들어진 것이지, 맨땅에서 불쑥

대동여지도 목판

대동여지도 목판

솟아난 게 아니란다.

  이보다 100년 앞서 만들어진 《동국지도》에서 정상기는 모눈종이를 활용하여 축척을 정확히 나타냈어. 그는 전국을 세밀히 나타내기 위해 팔도로 나누어, 100리를 약 9.5cm로 줄여 그렸어. 그래서 지도를 자로 재면 곧바로 실제 거리를 알 수 있지. 이에 따라 《동국지도》의 축척은 약 4십만 분의 1이 된 거야.

이런 방법은 대동여지도에 그대로 이어졌어. 김정호는 좀 더 세밀한 지도를 그리기 위하여 남북 120리 동서 80리를 하나의 구획으로 하여 끊어 그렸어. 이때 지도 한 면은 남북 약 30㎝, 동서 약 20㎝이므로, 축척은 약 16만 분의 1이 되는 거야. 그래서 남북 22판, 동서 19판을 이으면 우리나라의 온전한 모습이 드러나게 되지. 김정호는 《동국지도》에서 한걸음 나아가, 각 고을의 위도와 경도를 꼼꼼히 나타내고, 자로 거리를 일일이 재지 않아도 알 수 있게끔 표시하였어. 그리고 각 고을끼리 서로 얼마나 떨어져 있는지를 한눈에 알아볼 수 있도록 일람표를 만들어 두었지.

그리고 《대동여지도》에는 지도책의 편찬 목적과 지도 작성의 원리를 서술한 〈지도류설〉이 붙어있어. 김정호는 여기에 중국의 지도와 지리지의 기원과 그것들이 가지는 역사적 중요성을 적고 있지. 또 정치·경제·국방·학문 연구의 모든 측면에서 지도와 지리지는 반드시 필요하다며 편찬 목적을 밝혔단다. 그래서 《대동여지도》의 세밀한 해안선과 지형의 정확성은 눈여겨보아야 할 부분이야. 이를 통해 김정호가 어떤 편찬 의도로 지도를 만들기 시작했고, 이런 그의 의지가 어떻게 반영되었는지 알 수 있기 때문이란다.

《대동여지도》는 그 당시 조선에서 이루어진 지도 제작 성과를 집대성한 지도야. 김정호는 나라에서 보관 중인 정상기의 지도를 참조하였으며, 이를 위해 최한기 같은 벼슬아치로부터 도움을 입었어. 민간인 신분임에도 이런 훌륭한 지도를 만들 수 있었던 것은 나라에서 작성한 지리 통계와 김정호 본인의 답사 결과 덕분이야. 그것으로 한층 정확한 지도를 만들 수 있었던 거지. 김정호가 나라 밖으로 지도를 새어나가게 한

죄로 옥에 갇혀 죽었다거나, 그가 만든 지도의 목판이 모조리 불태워지고 말았다는 말은 허튼 소문이란다. 규장각이나 박물관에는 그가 만든 목판과 인쇄본이 여럿 전해 오니까 말이야.

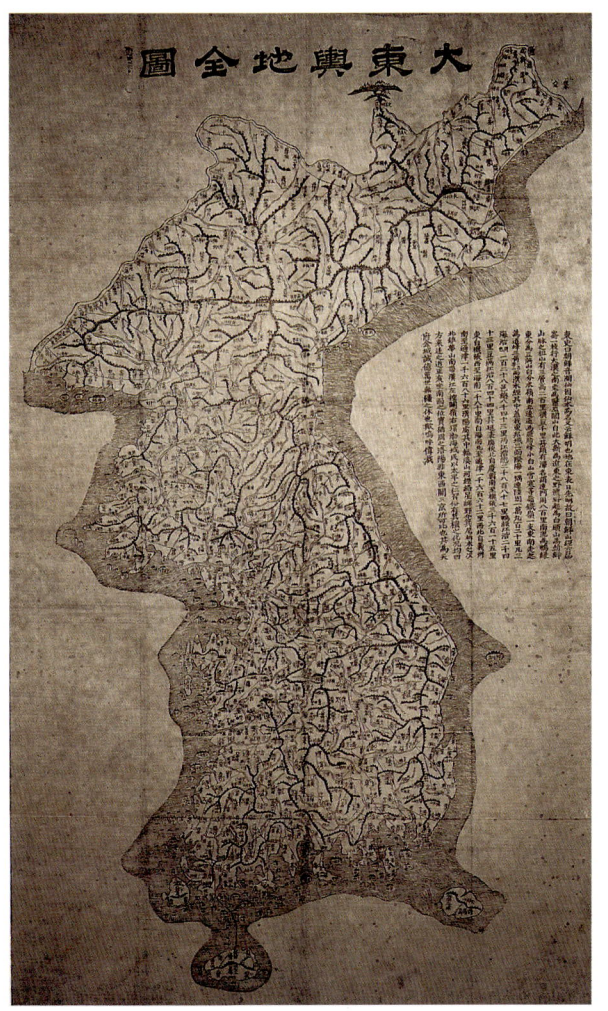

대동여지도

과거에서 온 편지

서민 문화가 꽃피네!

　도탄에 빠진 백성들을 걱정하며 조선의 개혁을 바라는 지식인들이 나타나기 시작했어. 바로 유형원·이익·정약용·박지원·박제가 같은 실학자들이야. 그들은 실용적인 실학을 연구해 나라를 다스릴 개혁안을 내놓고 있어.

　문화에서도 변화의 모습이 나타나고 있어. 중국의 산수화를 따라하던 데서 이제 우리나라의 경치를 그림으로 그리기 시작했지. 한글로 된 소설들도 널리 퍼졌어. 한글로 쓰인 소설의 인기가 굉장하구나.

　저기 사람들이 잔뜩 모여 있네! 아, 탈춤을 구경하고 있구나! 얼씨구, 어깨춤이 절로 나네.

서학은 뭐고 동학은 뭘까

정조가 갑작스레 죽고 나자
그동안 추진한 탕평책도 모두 헛일이 되고 말았어.
어린 왕은 아무런 힘이 없었으며 외척 가문이 권력을 휘둘렀지.
이것을 '세도 정치'라고 해.
세도 가문의 권력자들은 천주교를 철저하게 억압했지만
천주교와 동학은 백성들 사이로 은밀히 퍼져 나갔어.
게다가 말세가 왔다는 유언비어와 함께 비기와 도참이 기승을 부렸지.
세상이 어지러워지자 나라의 기강이 제대로 설 수 없었어.
탐관오리들의 횡포를 견디다 못해 결국 농민들이 들고 일어났단다.
이제 19세기 후반 혼란스러운 조선 사회에 대해 살펴보자.

주요 사항	시대
신유박해 1801년	
홍경래의 난 1811년	
조선에 천주교 교구가 생김 1831년	
기해박해 1839년	
청·영국, 아편 전쟁 1840년-1842년	
청, 태평 천국 운동 1850년	
최제우 동학 창시 1860년	조선
김정호 대동여지도 만듦 1861년	
농민 봉기 1862년	

가 보자, 여기
절두산 순교 박물관

절두산 순교 박물관은 천주교의 사적지야. 많은 신자들이 피를 흘린 곳이지.
병인양요 이후 전국 곳곳에 척화비가 세워지고
천주교 신자에 대한 박해가 심해졌어.
천주교 신자들은 이곳에서 목이 잘려 처형됐는데,
'절두산'이라는 말은 바로 거기에서 온 이름이란다.
이곳에 세워진 순교 박물관에는 성인들의 묘와 관련 사료 등이 보관되어 있지.
신념을 위해서 목숨까지 아끼지 않았던 순교자들의 넋을 기리기 위해
많은 신자들이 이곳을 찾아오고 있단다.

정조의 죽음과 함께 시작된 세도 정치

힘 있는 가문이 권력을 잡다

정조가 갑자기 세상을 떠나자 11살의 어린 세자, 순조가 왕위에 올랐어. 왕이 어렸기 때문에 정조의 할머니인 정순 왕후가 왕실의 최고 어른으로서 수렴청정을 하게 되었지. 수렴청정이란 나이 어린 임금을 대신하여 당분간 왕대비나 대왕대비가 나랏일을 돌보는 거야. 그런데 정순 왕후는 정조에게 충성했던 인물들을 모조리 잡아들이고, 중요한 자리에 있는 신하들에게 자신에게 충성하겠다는 '충성 서약'을 받았단다. 정조가 애써 만든 규장각과 장용영도 없애고 탕평책도 펴지 않았지.

5년 뒤 정순 왕후가 죽고 순조가 나랏일을 보았지만 여전히 임금으로서

힘을 발휘하지 못했어. 이번에는 정순 왕후 대신에 장인 김조순이 권력을 잡았거든. 그는 중요한 관직에다 줄줄이 자기 집안인 안동 김 씨 사람을 앉혔어. 나라의 중요한 일을 결정하는 비변사, 돈줄을 쥔 호조와 선혜청은 물론이고, 훈련도감과 각 군영의 우두머리 자리는 모조리 안동 김 씨가 차지하였어. 그들은 권력을 이용해 나라 살림을 마음대로 주물렀지. 이 시기를 '세도 정치' 시대라고 한단다.

세도 정치란 몇몇 힘 있는 집안이 권력을 독차지하는 것을 말해. 이런 모습은 순조에 이어 헌종, 철종으로 이어졌는데 그 기간이 무려 60년이나 되었어. 모두 어린 왕들이 왕위에 오른 시대야. 세도 가문이 하는 짓을 속속들이 아는 정약용은 세도 가문을 강하게 비판했지.

(붕당 싸움이 그치질 않더니)
대여섯 세도 가문만이 살아남아서
이들만이 나라의 재상이 되고
이들만이 높고 낮은 관리가 되었구나.
그 가문에서 아들 하나 낳았는데
사납고 교만하기 짝이 없었다.
그 아이 자라서 팔구 세 되니
입고 있는 옷 또한 찬란하구나.
한 손님이 말하길,
"걱정하지 말아라, 너희 집은 하늘이 복을 내린 집이라
너의 관직 하늘이 정해 놓은 것
청관, 요직 마음대로 할 수 있는데

부질없이 힘들여 애쓸 것 없고
매일같이 글 읽는 일 할 필요 없네."

이제는 세도가에게 줄을 대지 않고 관직에 나간다는 것은 불가능한 일이 되었어. 이를테면 고을 수령 자리는 2, 3만 냥, 감사 자리는 5, 6만 냥을 주고 사야 했지. 벼슬을 사서 관리가 되면 농민을 쥐어짜서 벼슬 사는 데 쓴 돈을 메우려 했단다. 지옥 같은 세상으로 바뀌었어. 참다못한 농민들이 곳곳에서 들고 일어나서 세금이 무거워 못살겠다고 항의했지.

예언과 유언비어가 날뛰는 세상

세금 부담이 무거워지면서 백성들은 고향을 떠나 이리저리 떠돌았어. 산으로 들어가 화전을 일구거나 도시와 포구에서 품팔이로 생활을 이어 나갔지. 배가 드나드는 포구는 짐을 싣고 내리는 삯일이라도 있었기 때문이야.

　사람이 힘겨운 생활을 오래 하게 되면 유언비어에 솔깃하게 마련이지. 이 가운데 가장 널리 퍼진 것은 《정감록》이었어. 말세가 닥쳤으니 안전한 곳으로 숨으라는 내용을 담고 있었지. 안전한 곳은 열 군데가 있는데, 이곳을 십승지라고 했어. 그런데 십승지에 숨는다 해도 가난한 자만 살고, 부자는 죽게 된다고 했지. 부자는 재산이 많아서 기름통을 지고 불에 뛰어드는 것과 같기 때문이라는 거였어.
　또한 《정감록》에는 새로운 도읍을 예언한 구절도 있어.

"금강산에서 내려온 산천의 기운이 태백산과 소백산에 이르러 뭉쳐져서 계룡산으로 들어가니, 정 씨의 800년 도읍할 땅이로다. 그 후 백두산맥이 가야산으로 들어가니 조 씨의 1000년 도읍할 땅이로다. 하늘이 비단 휘장을 거두어 정 씨의 도읍을 열었고 땅이 화산을 벌렸으니 이 씨가 망하도다."

새로운 도읍은 계룡산이라고 했지. 아무리 처벌을 하고 막아도 유언비어가 끊이질 않았어. 백성들이 유언비어에 마음이 쏠린 이유는 간단해. 정권을 잡은 양반들이 백성들의 어려운 형편을 전혀 살피지 않았기 때문이야. 불교나 유교도 백성들의 아픈 현실을 헤아리지 못했지.

계룡산 전경

● 솥과 숟가락까지 빼앗긴 화전민

박제가는 그의 저서 《북학의》에서 백성들의 삶을 생생히 표현했어.

"내가 보니 두메의 백성들은 땔감을 찍느라 열 손가락이 모두 부르트고, 옷은 10년 묵어 너덜너덜한 솜옷이었다. 집은 낮아서 허리를 구부려야 들어갈 수 있고, 벽은 연기에 그을려 새까맣고, 바람벽은 떨어져 흙이 드러나 있었다. 먹는 것은 깨어진 주발에 담은 밥알과 소금도 치지 않은 나물이었다. 부엌에는 나무 숟가락과 물동이만 덩그러니 있기에, 그 까닭을 물으니 솥과 숟가락은 이정에게 가져다 먹은 쌀을 갚느라 빼앗겼다 했다. 부역은 어떻게 감당하느냐 하니, 남의 종을 세우거나 돈으로 250~260문을 바친다고 했다. 나라에서 쓰는 돈이 다 여기서 나오고 있다."

● 유언비어 '미륵불이 새 세상을 열리라.'

어떤 중은 조선이 망하고 미륵의 세상이 온다고 소문을 퍼뜨렸어.

"여환은 본래 통천의 중이다. 자기를 따르는 풍수쟁이와 무리를 데리고 황해도와 경기도를 다니면서 미륵이 내려와 세상을 이끌게 될 것이라는 소문을 퍼뜨렸다. 그러면서 책에 쓰인 예언이라 하면서, 7월에 큰 비가 내려 서울이 망하고 8월에 새 왕이 나올 것이라 하였다. 그들은 칼과 창으로 무장을 하고 서울에 올라가 비가 오기를 기다렸으나, 끝끝내 비가 오지 않으므로 공부가 부족하여 하늘이 응하지 않는다고 탄식을 하면서, 삼각산에 올라가 불경을 외우며 예언을 이루어 달라고 빌었다."

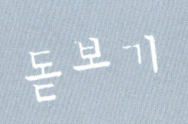
돋보기

베이징에 간 이승훈

천주교는 우리나라에 어떻게 전래된 것일까? 처음에 어떻게 천주교가 전래되었는지 확실하지는 않아. 병자호란 후 청나라에 끌려간 소현 세자가 가져온 많은 서양 서적들 중에 천주교와 관련된 서적이 있었다고 하는데 소현 세자의 죽음 이후 이 책들은 잊혀지고 말았거든.

그런데 그로부터 120년 뒤 스스로 베이징에 가서 세례를 받고 온 사람이 생겼어. 바로 이승훈(1756-1801)이라는 양반이야. 1783년 말 이승훈이 사신인 아버지를 따라 베이징에 가게 되자 천주교에 깊이 빠져 있던 이벽(1754-1786)은 그에게 부탁했지.

"베이징에는 천주교당이 있네. 거기에 서양인 신부가 있다고 들었네. 자네가 가서 뵙고 영세를 청하게. 그리고 교리서를 얻어 오게나."

이 즈음 베이징 교구를 관리하고 있는 이는 포르투갈 출신 구베아 신부였어. 이승훈은 구베아 신부가 있는 성당을 찾아갔어. 둘은 종이에다 한문을 써서 대화했지. 신부는 조선에서 온 이 젊은이가 박식한데다 깊은 종교적 심성을 가지고 있는 것에 놀랐어. 당시 조선에는 교황청에서 보낸 선교사도 없었거든. 그런 나라에서 이미 천주교에 대해 해박한 지식을 가진 젊은이가 제 발로 찾아왔으니 놀랄 만도 하지.

당시 선교사 벤타폰은 이 일을 친지에게 보내는 편지에다 자세히 기록했어.

"한 남자의 놀라운 입교 사건이 있었다. 작년 말 교당에 온 27세의 조선인 청년은

86 서학은 뭐고 동학은 뭘까

학식이 풍부하고 쾌활했다. 그는 신자가 되겠다는 진지한 마음을 품고 있었다. 우리는 세례에 앞서, 꽤나 긴 문답을 했다. 그 젊은이는 여러 가지 질문을 했고, 우리는 그가 온전히 만족할 때까지 정성껏 설명해 주었다. 신앙이 나라 법에 저촉되는 경우에 어떻게 할 것인지를 물었더니, 그는 진리라고 확신하는 종교를 위해서 어떠한 고통도, 죽음까지도 참아내겠다고 대답했다. 이윽고 귀국할 때가 다가오자 그라몽 신부가 그에게 세례를 베풀고 '베드로'라는 이름을 지어 주었다."

베드로라는 이름은 조선 교회를 지어 올리는 바탕돌이라는 뜻이야. 이승훈은 수학과 천주교에 관한 책들을 선물로 받았어. 그리고 1784년 봄, 조선으로 돌아왔지. 이렇게 이승훈은 우리나라 최초의 천주교 신자가 되었단다.

북당 교회 ⓒ안길정

서학을 믿으면 안 돼, 서학 금지령

백성들은 가난의 구렁에서 헤어 나오지 못했어. 하지만 나라를 다스리는 세도가들은 여전히 권력과 돈에 눈이 멀어 백성들을 보살피지 않았지. 그런 상황에서 서학은 부자든 가난한 사람이든 신분이 높든 낮든 '하느님 앞에 모두가 평등하다'는 교리를 전파하면서 사람들의 마음을 사로잡았어. 천민이 양반과 함께 미사를 드리는 광경은 신분 제도가 엄격한 조선 사회에서는 상상할 수 없는 모습이었지. 조선에 들어와 천주교를 퍼뜨린 달레도 이렇게 말했어.

"천주교는 평등을 중요하게 여기며, 양반과 천민을 가리지 않는다."

천주교는 16세기 말 중국에 전파되어 17세기에 이미 우리나라에 소개되었어. 청나라 베이징에 사신으로 소현 세자를 따라간 정두원이 들여온 거야. 그 당시에는 신자들이 생겨나지도, 교회가 세워지지도 않았지. 다만 서양 문물 가운데 하나로 여겨졌을 뿐이었어. 그래서 '서학'이라고 불렀단다. 서학이란 서양의 학문, 즉 천주교를 비롯한 서양 문물을 일컫는 말이야. 하지만 18세기 말 이승훈이 청나라에서 세례를 받고 돌아오면서 사정이 달라졌어. 이승훈은 '베드로'라는 세례명으로 조선 최초의 천주교 신자가 되었지. 이승훈은 이벽·이가환 등과 천주교 교리를 공부하며 정약전·정약용·정약종 등에게도 퍼뜨렸어. 점차 일반 백성과 부녀자 사이에 빠르게 퍼져 나갔지.

처음에 나라에서는 천주교를 막지 않았어. 정조 때는 천주교

명동 성당

에 비교적 너그러운 편이었지. 그런데 1791년 전라도 진산에 사는 윤지충이 어머니 제사를 지내지 않고 신주를 불사르는 사건이 터진 거야. 제사를 지내지 않은 게 왜 문제가 되냐고? 당시에는 양반이 제사를 지내지 않으면 인간의 도리를 모르는 짐승이라며 손가락질 받았어. 나라에서는 윤지충을 잡아들여 죽이고 궁궐에 있던 서학 책들도 불태웠단다. 순조가 왕위에 오르자 천주교 탄압이 아주 심해졌지. 왕을 대신해서 수렴청정하던 정순 왕후는 천주교 금지령을 내렸어.

"오늘날 이른바 서학은 아비도 없고 임금도 없으며 인륜을 파괴하고 있

신주
죽은 사람의 위패

황사영이 흰 비단에 쓴 편지 – 절두산 성당 소장

다. 각 읍 수령은 각기 그 경내에서 오가작통법을 엄격히 지켜 통장의 책임 아래 서학의 무리들을 잡아 처벌하도록 하라. 그러고도 그치지 않으면 코를 베는 형벌로 그 씨를 없애라."

오가작통법이란 조선 시대에 다섯 집을 한 통으로 묶어 세금을 걷고 범죄자를 가려내기 위해 쓰였던 제도인데, 이를 천주교도를 찾아내는 데 이용한 거야. 이것을 '신유박해'라고 하는데 청나라에서 온 주문모 신부·이승훈·정약종·이가환 등 3백여 명이 처형되었어.

황사영은 이 사실을 흰 비단에 써서 청나라에 알렸어. 조선 사람이 자유롭게 천주교를 믿도록 프랑스가 군함을 보내어 조선 정부에 압력을 가하라고 요청한 거야. 이 사실을 안

정부는 황사영을 외국의 군함을 끌어들였다는 죄목으로 처형하고, 정약용과 정약전을 귀양 보냈어.

그 뒤 천주교는 탄압을 피해 지하로 숨어들 수밖에 없었어. 그런데도 꾸준히 신자가 늘어났지. 천주교가 사람들 사이에 크게 번진 것은 양반들의 파렴치와 부패로 인해 고통받는 백성들이 마음 둘 곳을 몰랐기 때문이야. 그러는 가운데 평등이나 천국에 관한 교리는 마음을 끌어당겼지. 유교는 위아래 차별을 두지만 천주교는 모든 인간이 평등하다고 했거든. 천인이나 여자들뿐 아니라 일부 양반들도 위험을 무릅쓰고 몸을 담는 가운데 천주교의 교세는 날로 커져갔던 거야.

동학의 탄생

서학이 한창 퍼질 무렵 조선에 새로운 종교가 생겼어. 가난한 양반의 아들 최제우가 만든 이 종교를 '동학'이라고 해.

동학은 서양 세력의 침략에 위기를 느끼고 그들의 정신적 기둥이 되고 있는 서학에 맞서려는 종교야. 최제우는 다음과 같이 가르쳤어.

"사람이 곧 하늘이라. 사람은 평등하며 차별이 없나니 사람이 곧 하늘이라."

사람이 하늘이라는 '인내천 사상'이 탄생한 거야. 동학은 양반과 상민을 차별하지 않고, 노비 제도를 없애며, 여성과 어린이의 인격을 존중해야 한다고 가르쳤어. 동학이 경주 주변을 벗어나 경상도 일대로 퍼져 나가자, 나라에서는 백성들을 홀린다는 죄목을 씌어 최제우를 잡아다 처형하였지. 그런데 나라에서는 왜 동학을 믿지 못하게 했을까? 동학의 교

리에는 '나라를 지키고 백성을 평안하게 한다.'는 구절이 있는데, 옳은 말을 가르치는 동학이 왜 벼슬하는 양반들에게 위험해 보인 걸까?

동학은 오늘날의 민주주의와 유사한 사상을 기본 교리로 삼고 있어. 사람이 하늘이고, 모든 사람은 평등하다는 사상 말이야. 이건 신분 질서를 뒤흔드는 생각이었어. 태어나면서 이미 양반과 상놈이 정해진다고 믿는 사회에서, 모두가 평등하다고 주장한 것이 양반들의 눈에 거슬렸던 거야. 게다가 천주교이건 동학이건 민심이 이런 종교에 몰리는 것은 양반들로서 골치 아픈 일이었지.

최제우는 가난한 집안 형편 때문에 봇짐장수로 나섰어요. 전국을 돌며 장사를 하다보니 사람들이 사는 모습을 훤히 들여다볼 수 있었지요.

'우리 고을만 가난한 게 아니군. 허리가 휘게 일을 해도 제대로 끼니도 잇지 못하는구나!'

이 무렵 조정의 권력은 안동 김 씨가 틀어쥐고 있었어요. 어린 왕은 허수아비와 같았지요. 안동 김 씨들이 중요한 벼슬을 몽땅 차지하면서 나라는 썩어 가기 시작했어요. 고을마다 수령들이 많은 세금을 거두는 바람에, 농민들은 허리가 부러지게 일을 하고도 굶기 일쑤였지요.

최제우는 친한 봇짐장수들과 고개를 넘고 있었어요. 함께 나선 개똥이가 최제우에게 말을 던졌어요.

"정 씨 성을 가진 사람이 새 임금으로 나올 거라는 소문을 믿나?"

"사람들이 퍼뜨리는 허튼 소문을 어찌 믿겠는가!"

최제우의 대답에 개똥이는 《정감록》에 실린 구절을 들먹이면서 열을 올렸어요.

"나는 믿네그려. 많은 사람들이 벌써 보따리를 싸서 새 도읍이 될 계룡산 기슭으로 갔다네."

조용히 듣고 있던 손서방이 말했어요.

"나는 서학이 좋으이. 부자고 가난한 사람이고 모두가 평등하다고 하니 많은 사람들이 믿고 따르잖는가."

그러자 최제우가 단호하게 말했어요.

"서학은 우리 종교가 아니라 서양의 종교네. 서학이 퍼지면 서양 귀신이 우리를 쥐락펴락할 것이네. 우리 종교에는 조선 사람의 생각이 담겨 있어야 해. 그리고 부자이건 가난한 사람이건, 벼슬이 있든지 없든지 간에 모두가 받아들일 만큼 훌륭한 가르침이 있는 종교가 필요하네."

개똥이와 손서방이 최제우를 바라보며 말했어요.

"그런 종교가 있다면 내가 당장 믿겠네."

"나도 말일세."

최제우는 장사를 그만 두고 진리를 찾기 위해 수행에 들어갔어요. 도를 깨닫지 않으면 세상에 다시 나가지 않겠다는 굳은 결심을 했지요. 이때 최제우는 '수운'이라는 호를 지었어요. 그는 자나 깨나 책을 읽고 기도를 하면서 숱한 나날을 보냈어요.

1860년 봄, 이윽고 최제우는 다시 세상에 나왔어요. 그는 한울님을 만났다고 말하면서, 자기가 깨친 도를 정리하여 사람들에게 펴기 시작했어요. 손서방은 최제우를 따라 동학에 들어갔어요. 그리고 주위 사람들을 끌어들였어요.

"개똥이, 자네도 동학에 들어와 수운 선생을 돕지 않겠나? 아침이고 저녁이고 구름처럼 사람이 몰려드니 자네같이 성실한 사람이 꼭 필요하네."

"좋네. 당장 돕겠네!"

개똥이도 장사를 그만 두고 최제우를 도왔어요. 동학을 믿는 사람들은 점점 늘어났어요. 수많은 사람이 동학에 몰리자 최제우는 짜임새 있는 조직을 갖추

어야겠다고 생각했어요. 최제우는 봇짐장수 때의 경험을 살려 '접'이라는 조직을 만들었어요. 그리고 접마다 우두머리인 접주를 세워 신자 40명 남짓을 맡게 했어요. 이런 조직이 훗날 동학 농민 전쟁 때 수만 명을 체계적으로 통솔하는 힘이 되었어요.

한편 나라에서는 최제우의 사상을 민심을 흘리는 '사학'이라 몰아붙여 잡아들이려 했어요. 그래서 최제우는 목숨을 구하기 위해 고향을 떠나 계속 떠돌아다녀야 했어요. 그는 교룡산성 안에 있는 한 절간에 들어가 몸을 숨기고 동학의 교리를 설명하는 글을 쓰고, '칼노래'를 지었어요.

최제우는 칼을 들고 춤을 추며 칼노래를 읊었어요. 최제우는 언젠가 동학교도들이 힘을 합쳐 비뚤어진 나라를 바로잡는 날이 반드시 올 것이라고 내다보았어요. 하지만 이 노래가 나중에 그를 죽음으로 모는 꼬투리가 되고 말았지요.

"동학의 두목 최제우는 사람을 고치고 병을 낫게 한다고 사람들을 속였으며 칼노래로 나라에 반역하였으니 처형한다."

한편, 동학 접주가 된 개똥이와 손서방은 최제우가 죽고 나서도 열심히 일했어요. 그들은 최제우의 억울한 죽음을 씻어 달라는 교조 신원 운동에도 적

최제우 영정

극적으로 참가했어요.

30년이 지나면서 동학은 뿌리를 내렸어요. 1894년 동학교도를 중심으로 농민들은 죽창을 들고 일어나게 되지요.

최제우의 뒤를 이은 최시형은 동학을 널리 퍼뜨리기 위해 무진 애를 썼어. 《동경대전》과 《용담유사》를 펴내어 동학 교리를 정리하고 교단 조직을 만들었지. 세력이 커져 경상도·충청도·전라도뿐만 아니라 강원도와 경기도 일대로 퍼져 나갔어. 이런 노력은 1894년에 일어난 동학 농민 전쟁을 있게 한 커다란 힘이 되었어.

평안도 농민들이 일으킨 홍경래의 난

제 잇속만 차리고 부정부패를 일삼기는 지방의 관리들도 마찬가지였어. 고을을 다스려야 할 수령들은 백성들을 쥐어짜서 돈을 모아 더 높은 벼슬을 사려고만 들었지. 온 나라가 탐관오리로 들끓었단다. 나라에서는 농민들에게 무거운 세금을 거두려고만 했어. 급기야 서울 사대문에 전단이 나붙었고, 안악에서는 나라를 욕하는 노래가 퍼졌으며, 도적 떼가 여러 곳에서 일어났어. 세금을 덜어달라고 호소해도 소용이 없자 참다못한 농민들은 들고 일어났지.

● 최제우의 칼노래

최제우는 《동경대전》에서 "서양은 싸우면 이기고 치면 빼앗아 이루지 못하는 일이 없다."고 하면서, 서양 세력을 매우 위험하게 생각했어. 그래서 나라와 백성을 지키려면 이렇게 해야 한다고 했어. 그 방법이 '칼노래'에 들어 있어.

"때가 왔네 때가 왔네. 다시 못 올 때가 왔네.
뛰어난 장부에게 오랜만에 때가 왔네.
용천검 드는 칼을 아니 쓰고 무엇하리.
무수장삼 떨쳐 입고 이 칼 저 칼 넌즛 들어."

최제우는 이 노래를 부르면서 동학교도가 일어나 결전에 대비해야 한다고 했어. 이 노래는 동학교도들 사이에 퍼져 널리 불렸어. 그런데 최제우의 본뜻과는 달리, 조정 관리들은 최제우가 세상을 어지럽히고 백성을 속이는 것으로 보았지.

농민 봉기 중에 가장 규모가 큰 것은 홍경래의 난이야. 홍경래는 평안도 가산 다복동에 살았는데. 양반이라고는 하지만 가난하기 그지없었어. 그는 봉기를 일으킬 것을 마음먹고 각지를 돌아다니며 뜻을 같이할 동지를 모았어. 몰락한 양반·상인·광산 경영자·노동자 등이 많이 참여했는데 우군칙·이희저·홍총각·김사용·김창시 등이 동지들이였지. 홍경래는 이들을 지휘부에 앉히고 힘센 장사들과 농민들을 끌어모았어. 그리고는 다복동 골짜기에 터를 잡고 말타기와 총쏘기를 익히며 때를 기다렸지. 조정에 불만이 많았던 평안도 부자들도 군자금을 대며 도왔어. 무려 10년 동안이나 치밀한 준비를 한 끝에 1811년 12월 홍경래는 스스로를 '평서 대원수'라 칭하고 일어났지.

"평서 대원수는 급히 글을 띄우노니 평안도의 어르신과 젊은이, 그리고 관아와 개인의 종들은 모두 들으시라. 평안도는 기자와 단군의 옛터로 문물이 찬란한 곳이다. 그러나 조정에서 이 땅을 버리니, 권신에게 들러붙어 사는 종조차도 우리를 보고 평안도 놈이라 업신여긴다.

지금 나이 어린 임금이 위에 있어서, 권신들의 간악한 짓은 날이 갈수록 더 심해지고 있다. 김조순·박종경의 무리가 권력을 멋대로 주무르니, 하늘이 재앙을 내려 흉년이 거듭되고 있다. 굶어 얼굴이 누렇게 뜬 무리가 길에 널리고, 늙은이와 어린이가 구렁에 빠져서 죽음의 문턱에 이르렀다.

다행히 세상을 구제할 성인이 평안도 선천 검산의 일월봉 아래에서 탄생하셨다. 나면서부터 신령함이 있었고, 성장하여서는 철갑 기마 10만으로 썩은 정권을 깨끗이 할 뜻을 세우셨으니, 의로운 깃발이 이르는 곳마다 소생을 기다리는 사람들로 꽉 찼다.

이제 우리가 일어섰다는 글을 띄우노라. 각 고을의 수령은 성문을 활짝 열어 우리 군대를 맞으라. 어리석게 맞서는 자가 있다면 말굽으로 짓밟아 뭉개리니, 마땅히 명령을 따라 거행함이 좋으리라."

홍경래군은 봉기를 일으킨 지 3일 만에 7개 고을을 손에 넣었

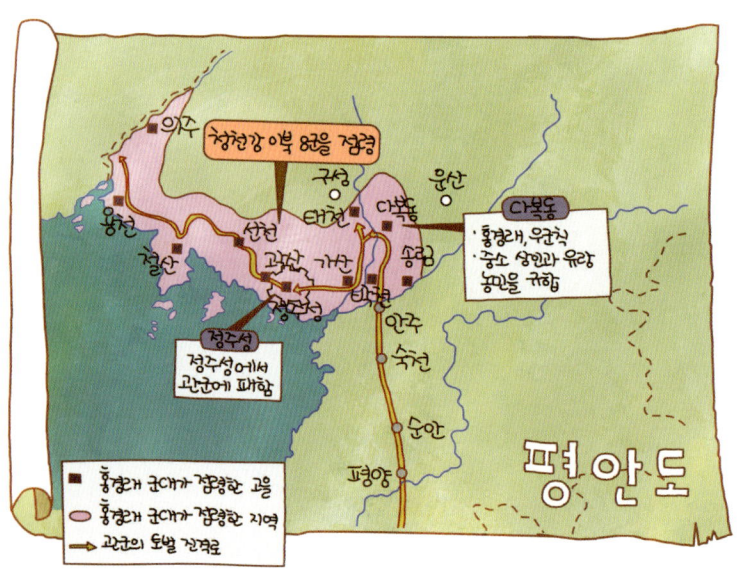
홍경래군의 행로

어. 싸우지도 않고 도망치는 수령이 생겨날 정도였지. 홍경래군은 평양을 점령하고 서울로 내려가 세도 정권을 몰아낼 작정을 했어.

홍경래군은 서울에서 내려온 관군과 맞닥뜨려 싸우다 정주성 안으로 피했어. 4개월에 걸쳐 긴 싸움이 이어졌지만 더 이상 버티지 못했지. 관군이 땅굴을 파고 성벽을 무너뜨려 정주성 안으로 밀물처럼 밀려 들어왔거든. 관군들은 성안에 있는 2천여 명을 여자와 아이를 제외하고 모조리 죽였다는

농민 봉기가 일어난 지역

구나. 홍경래는 싸우다 죽고, 우군칙·이희저·홍총각 등은 처형되었어.

홍경래의 난으로 호되게 당한 세도 정권은 봉기가 일어난 원인을 헤아리고 해결하려고 했을까? 안타깝지만 전혀 그렇게 하지 않았어. 봉기를 진압하기에만 급급할 뿐이었지. 그러니 농민 봉기는 계속될 수밖에 없었지. 19세기 후반은 농민 봉기의 시대라 부를 만큼 민란이 여기저기서 쉬지 않고 터졌단다.

진주에서 시작된 임술 농민 봉기

1862년에는 진주에서 농민 봉기가 터졌어. 환곡 때문이었지. 환곡이란 봄에 농민에게 꾸어 주고 가을에 이자를 붙여 거두는 곡식을 말해. 보릿고개에 굶주리는 백성을 위해 만든 거였지. 그런데 백성을 위해 준비된 환곡을 관리들이 다 가져다 먹고 농민에게 물어내게 하는 사건이 일어났어. 특히 진주 우병사 백낙신은 썩을 대로 썩은 탐관오리였어. 농민들은 장날에 모여 불만을 터뜨렸고, 여럿이 관아로 쳐들어갔어. 그리고 그동안 괴롭힌 진주목의 이방과 호방의 집을 부수고, 양반네 집을 불태웠지. 진주 목사와 함께 백낙신도 잡아다 가두었어.

"아전이 빼먹은 곡식을 농민에게 물리는 게 웬 말이냐? 당장 취소하라."

진주에서 일어난 농민 봉기는 10일 만에 끝났지만, 점차 상주와 지리산을 넘어 함평·익산 등지로 번져갔어. 농민 봉기가 퍼지자 나라에서는 주동자를 잡아들여 엄하게 처벌했어. 다른 한편으로, 농민에게 크나큰 고통을 안겼던 세 가지 부담인 전정·군정·환곡을 해결하는 관아를 설치하였어. 그러나 농민들이 바라는 확실한 처방은 없었지. 그리하여 더 큰 항쟁이 피할 수 없는 일로 다가오게 된 거야. 홍경래의 난과 진주 농민 봉기는 다가올 동학 농민 전쟁을 예고하는 것이나 다름없었어.

한편, 서양과 일본 세력은 조선 땅을 호시탐탐 노리고 있었어. 날카로운 발톱을 세우고 다가오고 있었지. 하지만 인구의 압도적인 숫자를 차지하는 농민은 살길을 잃고, 나라에서는 아무런 해결책을 내지 못했어. 갈수록 나라의 앞날에 어두운 그림자가 드리워지고 있었지.

홍경래진도
진압을 위해 출동한 관군이
정주에서 농민군을 포위하고 있다.
ⓒ서울대학교 규장각

돋보기

"강 바쳐라!" 옛날 서당의 모습

서당은 조선 시대의 초등학교와 같은 곳이야. 마을마다 있는 서당에서는 대개 일반 백성의 아이들이 공부했지. 서당에는 훈장님이 계셨어. 그리고 반장도 있었는데, 그때는 접장이라고 불렀지. 일반적으로 글자를 깨치는 기본 단계에서는 《천자문》이나 《격몽요결》이, 더 높은 단계에서는 《소학》이나 《논어》 같은 유교 경전이 교과서로 쓰였지.

서당에는 엄격한 규칙이 있었단다.

"아침에 일어나면 반드시 글씨 열 줄을 쓰고 나서 밥을 먹는다. 하루에 필법의 글씨를 오전과 오후로 나누어 각각 스무 번씩을 베껴 쓴다. 자기 전까지 그날 배운 것을 몽땅 외우고, 만약 어기면 벌을 받아야 한다."

"열흘마다 한 번씩 시험을 친다. 이때 문장의 음과 뜻을 풀이한다. 한 책이 끝나면 반드시 처음부터 끝까지 달달 외워야 한다."

"봄과 겨울에는 책을 읽고 글짓기를 익힌다. 여름과 가을에는 옛 시를 읽고 짧은 편지글을 짓는다."

서당의 하루는 숙제 검사를 하는 것으로 시작하였어. 훈장님이 "강 바쳐라."하고 이르면, 모두 돌아가며 어제 배운 내용을 외워야 했어. 그리고 써온 글씨 숙제도 내야 했지.

글씨를 익힐 때에는 모래판에 손가락으로 쓰거나 분판에다 붓으로 썼어. 종이가 귀했기 때문이야. 또 서산을 써서 글을 읽은 횟수를 헤아렸어. 그렇게 하루에 몇십 번이고 읽어 저절로 머리에 박히게 했단다.

훈장님이 바쁜 일로 수업을 못하게 되면, 접장에게 당부했지.

"나 없는 동안, 접장이 수고 좀 해야겠다. 그동안 배운 것을 복습하도록 해라. 모두 한통속이 되어 농땡이 부리면 곤란해!"

수업료는 대개 가을걷이가 끝나는 때에 곡식으로 바쳤어. 마을 사람들은 좋은 선생님을 모시기 위해 계를 짜서 돈을 내기도 했지.

서산 ⓒ국립민속박물관

김홍도의 〈서당〉 ⓒ국립중앙박물관

분판 ⓒ국립민속박물관

과거에서 온 편지

세도 정치 때문에 세상이 어지러워!

세도 정치가 시작되면서 백성들의 삶은 날이 갈수록 힘들어지기만 해. 백성들은 여러 종교에 의지하며 힘든 삶을 이겨갔지.

저 사람들 좀 봐. 방에 몰래 모여 있네? 서학을 믿는 사람들인가 봐. 서학을 믿는 것이 금지되면서 많은 사람들이 몰래 모여 미사를 드리는 구나. 인내천 사상을 외치는 동학도 많은 신자들을 모았지. 세상이 흉흉해지자 나라를 새로 세울 사람이 나타난다는 유언비어가 널리 퍼지기도 하네.

더는 못살겠다고 들고 일어나는 백성들의 수도 늘어났어. 평안도 홍경래의 난에서부터 진주 농민 봉기까지. 19세기 조선 각지는 농민 봉기로 들끓고 있어.

04

쇄국과 개화의 줄다리기

조선 말기, 세도 정치가 계속되었다고 했지?
19세기 초부터 60여 년이나 이어졌으니
백성들 입에서는 못살겠다는 아우성이 터져 나왔지.
이러는 가운데 서양과 일본 세력은 조선을 노리고 있었어.
이들은 서로 조선을 차지하려고 치열하게 경쟁을 벌였지.
당시 나라를 다스린 흥선 대원군은
어떻게 일본과 서양 세력을 막아내려고 했을까?
대원군을 반대하는 개화 세력들은 무엇을 하였을까?
'쇄국'과 '개화'의 줄다리기 속에 나라가 어떻게 변해 가는지 살펴보자.

| 주요 사항 | 시대 |

미국, 남북 전쟁 1861년~1865년

고종 즉위, 흥선 대원군 집권 1863년

병인박해, 병인양요 1866년

일본, 메이지 유신 1868년

신미양요 1871년

운요호 사건 1875년

강화도 조약 맺음 1876년

임오군란 1882년

미국, 영국, 독일 등과 통상 조약 맺음 1882년

조선

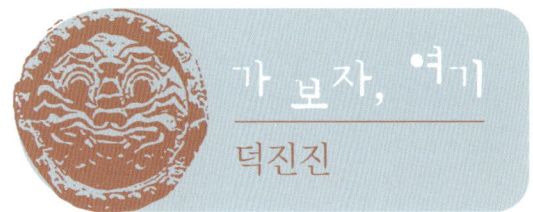

가 보자, 여기
덕진진

덕진진은 조선 시대 강화도 해협을 지키던 관문이야.
병인양요 때 프랑스 군대가 강화도를 침략하자 양헌수의 부대가
어둠을 틈타 이 진을 거쳐 정족산성으로 들어가 프랑스군을 격파하였지.
신미양요 당시 미국의 함대와 치열한 포격전을 벌였던 곳도 바로 여기야.
우리나라를 넘보던 외국 세력에 맞서 싸운 현장이란다.

서양 세력은 왜 조선에 오려 했을까

서양 세력의 침입

19세기는 농민 봉기의 시대였어. 평안도를 시작으로 진주에서 터지더니, 호남·제주·함흥까지 퍼졌어. 전주에서 일어난 것을 합치면 모두 71차례나 되었지.

한편 조선의 바닷가에는 영국·프랑스·미국·러시아 배들이 자주 나타나기 시작했어. 이 배를 '이양선'이라고 불렀단다. 조선 배와 생김새가 달라 보였기 때문이야. 서양의 힘센 국가들이 조선을 넘보고 있었던 거지. 이들은 왜 조선을 노렸을까?

결론부터 말하면 물건을 팔 시장을 얻기 위해서야. 당시 서양 강대국은 산업 혁명을 통해 대량 생산 체제를 이루게 되었어. 자기들이 쓰고도 남을 만큼 생산을 할 수 있게 되자, 그 물건을 팔 수 있는 넓은 시장과 원료를 공급할 나라를 찾았지. 이 과정에서 서양 강대국의 눈에 들어온 지역이 아시아와 아프리카의 여러 나라야. 대부분 산업 발달이 뒤떨어진 나라들이지.

강대국은 총칼을 앞세워 나라를 빼앗기도 했어. 영국은 아편 전쟁을 일으켜 중국을 손아귀에 넣었고 미국은 일본을 윽박질러 강제로 문을 열게 했어. 그리고 이제 마지막 남은 조선을 삼키려고 모두 눈독을 들인 거지.

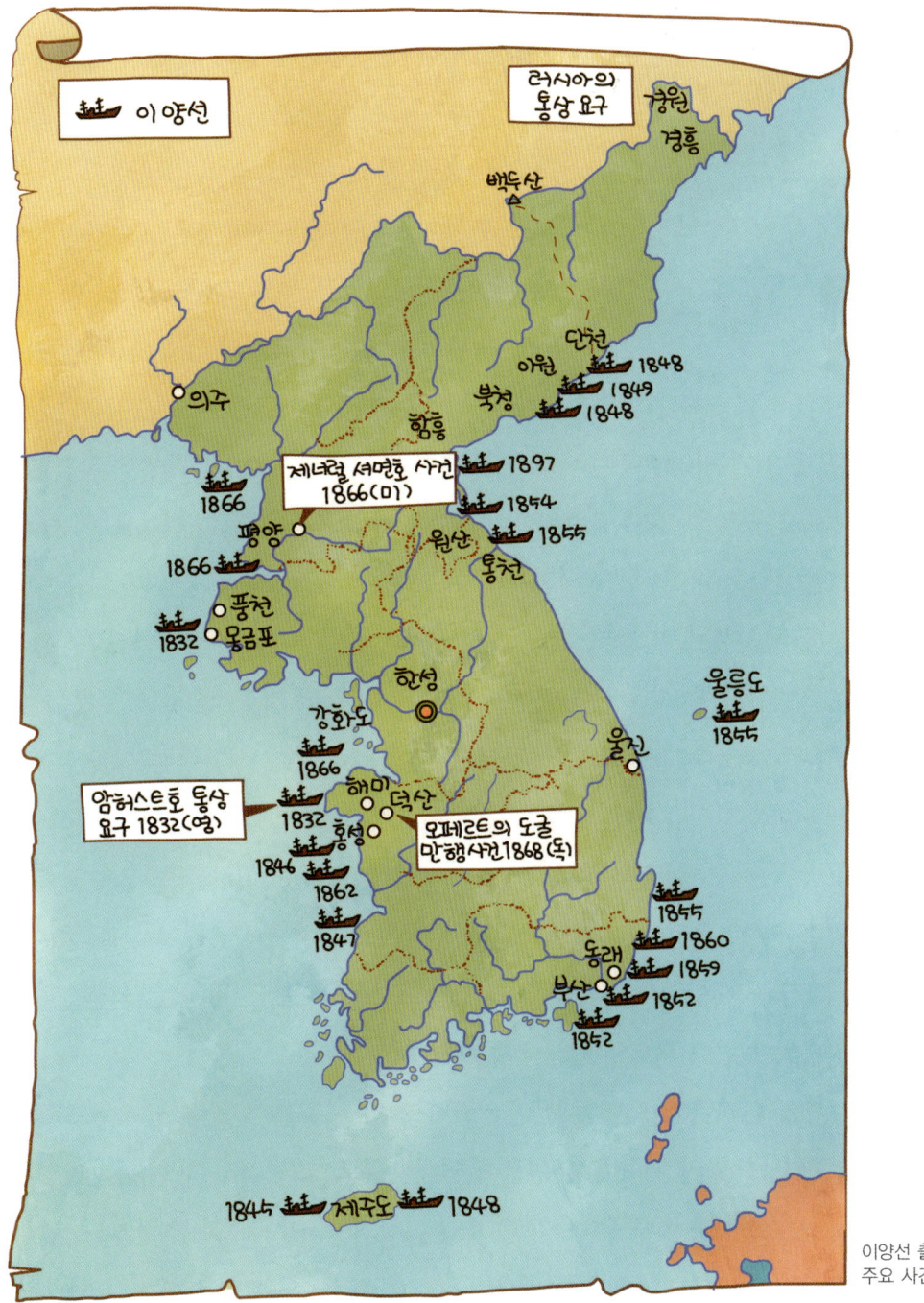

이양선 출몰 지역과 주요 사건

대원군의 정책

이런 상황에서 철종이 죽고 고종이 왕위에 올랐어. 겨우 12살의 어린 나이였지. 그래서 고종의 아버지인 흥선 대원군 이하응이 대신 나라를 다스렸어. 그런데 대원군이 정권을 잡기까지 많은 우여곡절이 있었단다. 그동안 안동 김 씨는 왕족 중 똑똑한 자들을 모조리 없앴어. 왕족 자손인 대원군도 죽지 않으려고 일부러 백수건달 노릇을 했지. 안동 김 씨 일가를 돌며 거지처럼 구걸하는 것도 마다하지 않았고 '상갓집 개'라고 불리며 놀림을 당하는 것도 감수했어. 안동 김 씨 일가는 흥선 대원군을 한심하게 보았어. 그래서 전혀 경계하지 않고 그의 아들을 왕위에 올렸지. 다루기 쉬운 왕족을 왕으로 삼고 계속해서 나라를 좌지우지할 속셈이었던 거야. 하지만 대원군은 그들이 생각하는 것처럼 어리석은 사람이 아니었지.

온갖 수모를 견딘 끝에 아들을 왕위에 앉히는 데 성공한 대원군은 왕을 제치고 나랏일을 대신 주물렀어. 불행한 시절을 겪으면서 양반들의 횡포와 고달픈 농민 생활, 농민 봉기의 원인을 알고 있던 대원군은 60여 년간 왕을 허수아비로 만들어 놓고 권력을 휘두른 세도 정치를 끝장내기로 결심했어.

가장 먼저 안동 김 씨의 이익 기관으로 변해 버린 비변사를 없앴지. 세도 정치의 권력은 모두 비변사에서 나왔거든.

아울러 전국에 흩어져 있던 650여 개의 서원을 47곳만 남기고 모조리 없앴어. 그동안 서원은 유생을 길러내는 교육 기관이라 하여 논밭을 가지고 있으면서도 세금을 내지 않았거든. 심지어 제사를 지낸다느니, 서원을 고친다느니 하면서 백성들에게 돈을 거두었어. 서원의 행패는 나라에서조차 손을 쓸 수 없을 정도였어. 대원군은 썩은 뿌리는 도려내야 나라가 튼튼해진다며 누누이 이렇게 말했지.

"백성을 해롭게 하는 자라면 비록 공자라 할지라도 용서하지 않겠다."

또 양반들한테도 군포를 걷었어. 이제는 양반, 상민 구분 없이 집집마다 2냥씩 세금을 내야 했어. 이것을 '호포제'라고 해. 이 정책은 영조 때 실시하려고 했지만 땅을 가진 양반들이 반대하는 바람에 실시하지 못했는데, 흥선 대원군에 와서야 이루어진 거지. 대원군은 전국의 논밭을 일일이 조사하여 토지 대장에 올리는 '양전'을 실시했어. 이를 통해 관리나 양반이 몰래 빼돌린 땅을 찾아내어 세금을 매겨 나라 살림을 튼튼히 했어. 또한 나라의 통치 규범을 새롭게 하기 위해 《대전회통》과 《육전조례》도 편찬했어. 모두 왕권을 다지기 위한 정책이었지.

관복을 입은 흥선 대원군

한편 가장 말썽 많은 환곡 제도는 '사창제'로 바꾸었어. 백성들이 공동으로 관리하는 마을 창고를 만들어 스스로 관리하도록 한 거야. 못된 벼슬아치들이 중간에 끼어들 수 없도록 말이야.

그러자 백성들 사이에서 대원군의 인기는 날로 높아졌어. 대원군은 이렇게 선언했어.

"나는 천 리를 끌어다 지척을 삼겠으며, 태산을 깎아내려 평지를 만들고,

113

남대문을 3층으로 높이려 한다."

이 말은 천 리 밖으로 밀려난 왕실 인사들을 가까이하고, 노론과 안동 김씨가 쌓아올린 태산을 깎아내리며, 이제껏 권력에서 밀려났던 남인을 관리로 크게 쓰겠다는 말이야. 한마디로 말해 수십 년간 계속된 세도 정치를 끝내고 땅에 떨어진 왕권을 바로 세우겠다는 뜻이었지. 이를 위해 먼저 임진왜란 때 불에 타버린 경복궁을 다시 짓기로 했지. 궁궐을 지으려면 많은 돈이 필요했는데, 그 돈을 마련하기 위해 백성들에게 돈을 내게 했어. 도성 문을 드나드는 백성들에게 문세를 걷기도 했지. 그러자 처음에는 경복궁 재건에 찬성했던 백성들도 나중에는 세금이 무거워 불만이 생겨났어. 목재를 마련하기 위해 양반들의 선산이나 마을 성황당의 나무까지도 베자 양반들의 불만도 더해 갔어. 공사가 5년 가까이 계속되자 나라 살림이 형편없이 나빠졌지.

나라의 문을 굳게 닫은 흥선 대원군

흥선 대원군이 안으로 개혁 정치를 펼칠 무렵 선교사들을 죽인 일을 빌미 삼아 프랑스군이 강화도에 쳐들어오는 사건이 일어났어. 흥선 대원군은 천주교 탄압을 핑계로 우리나라를 차지하려는 수작이라며 맞섰어. 이 일을 병인년에 서양 세력이 일으킨 난리라고 하여 '병인양요'라고 불러. 프랑스군은 조선군에 밀려 돌아갔지만 귀중

콜로라도호 1871년 신미양요 당시 조선에 침입한 미국 군함

한 책과 보물을 훔쳐갔어.

병인양요가 일어난 해에 미국도 조선에 쳐들어왔어. 조선의 항구를 열게 하는 것이 목표였지. 미국 상선 셔먼호는 우리나라 영해에 쳐들어와서 대동강을 거슬러 올라왔어. 이 배는 상선이지만 대포 2문이 장착되어 있었으며, 최신식 총을 가진 군인들이 19명이나 타고 있었지. 그런데 셔먼호는 물길을 잘 알지 못한 탓에 썰물에 갇혀 꼼짝 못하게 되었어. 이 기회를 놓치지 않고 평양 감사 박규수는 관민을 끌고 가서 배에 불을 질렀고 셔먼호는 불에 타버렸지.

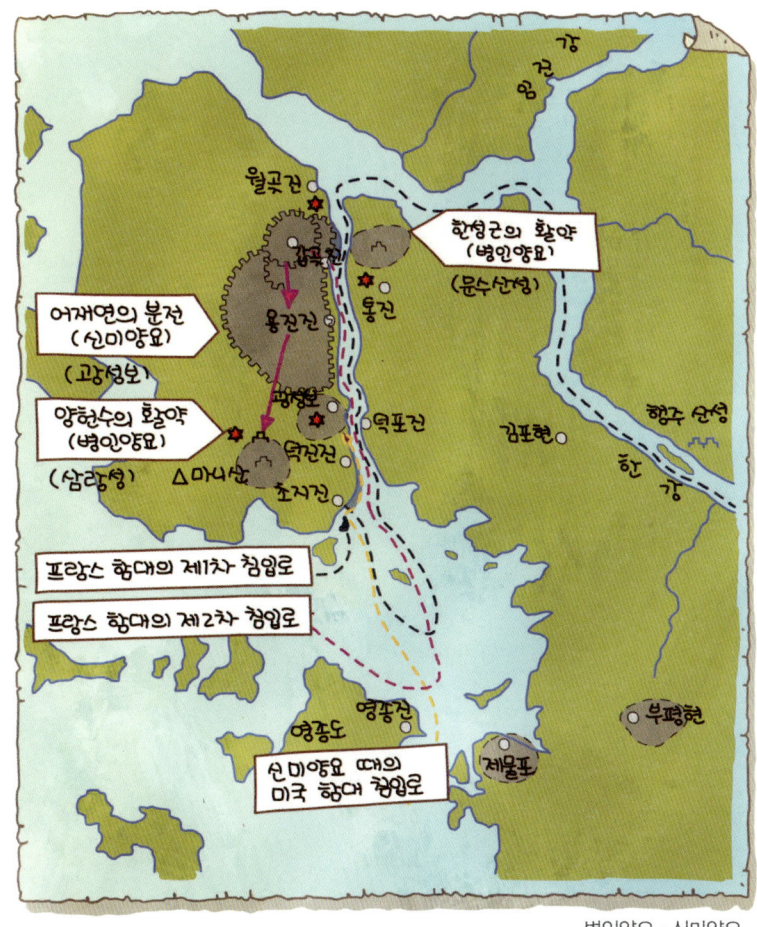

병인양요 · 신미양요

이듬해 미국은 조선 정부에 셔먼호를 불태운 것을 항의하며 배상금을 치르라고 요구했어. 한편 슈펠트에게 조선 연안을 샅샅이 조사해 오라고 명령해서, 조선을 침략하기 위해 치밀하게 준비를 했지. 게다가 미국은 독일 상인 오페르트와 한통속이 되어 대원군의 아버지, 남연군의 무덤을 파헤쳐 시체를 도둑질할 계획을 세웠어. 그것을 볼모로 삼아 통상 조약을 맺을 속셈이었지. 하지만 오페르트는 성공하지 못했고 이 소식을 들은 대원군은 무척 화가 나서 나라 문을 더욱 굳게 닫았지. 프랑스 침입이나 오페르트의 도굴 사건이 대원군의 '쇄국 정책'을 더욱 굳힌 거야.

하지만 미국은 조선에 끈질기게 덤벼들었어. 미국 군대는 로저스 사령관

의 지휘 아래 군함 5척과 병력 1200여 명을 동원하여 강화도에 상륙하였어. 조선군보다 성능 좋은 총과 대포를 앞세우고 말이야. 미국 군대는 조선 포대를 박살내고 진지 여러 군데를 차지하였어. 조선군 총대장인 어재연과 군사들은 탄환과 화살이 다 떨어지자 맨손으로 미국 군대와 악착같이 싸웠지. 미국은 죽음을 무릅쓰고 싸우는 조선군에 놀라 군함을 돌려 물러났어. 이 사건은 신미년에 서양 세력이 일으킨 난리라고 하여 '신미양요'라고 불러.

프랑스와 미국의 침략을 막아낸 대원군은 자신감이 솟았어. 서양의 강대국들을 차례로 물리쳤으니 말이야. 대원군은 전국에 '척화비'를 세웠어.

"서양 오랑캐가 쳐들어오는데 싸우지 않는다면 이는 친하게 지내자는 뜻이요, 서양과 친하자고 주장하는 것은 곧 나라를 팔아먹는 짓이다."

한편, 대원군은 일본에도 문을 닫았어. 일본이 국교를 트자고 외교 문서를 보냈지만 거절했어. 일본이 보내온 문서가 외교 서식에 어긋난다는 것이 핑계였지. 당시의 백성들은 대원군의 쇄국 정책을 지지했어. 백성들도 애국심으로 단결하여 서양 세력을 물리치는 데 한 몫을 하려고 했지.

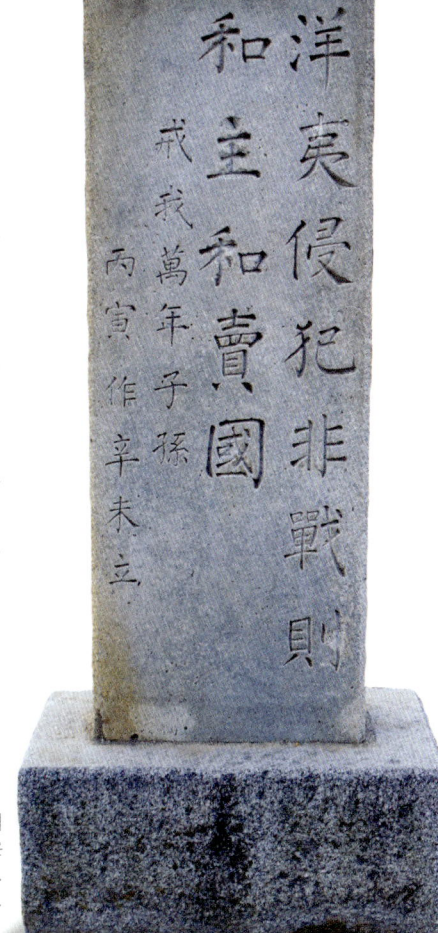

척화비
'서양 오랑캐가 쳐들어왔을 때 싸우지 않는 것은 나라를 파는 짓이다.'라고 쓰여 있다.
제국주의 서양을 배척하고 있다.

쇄국 정책은 안 돼! 나라 문을 열자

대원군은 서양 강대국에 굴복하지 않고 나라의 주권을 지키겠다며 '쇄국 정책'을 고집했어. 그러나 세계를 휩쓸고 있는 서양 문물을 언제까지나 받아들이지 않고 지낼 수는 없었어. 일본은 이미 서양 문물을 받아들여 옛 모습을 버리고, 동아시아의 힘센 나라로 떠오르는 참이었거든. 조선 조정에서도 서양 문물을 적극적으로 받아들여서 근대화를 이루자는 주장이 생겨났어.

과거 실학의 한 갈래인 북학파들, 즉 박지원과 박제가가 청나라의 문물을 받아들이고 다른 나라와 외교 관계를 맺어 나라를 부강하게 만들자고 주장한 바 있지. 그리고 이 생각은 박규수·오경석·유대치 등에게 이어졌어. 박규수는 박지원의 손자로 서양 문화에 관심이 많았어. 그는 나라 문을 열고 외국과 교류하자고 주장하였지. 오경석, 유대치도 외국의 문물을 받아들여 통상을 해야 한다고 생각했어. 이것을 '개화 사상'이라고 부르지. 대원군이 집권할 때는 개화파의 주장을 실현할 수 없었어. 그런데 1873년 대원군이 물러나자 상황이 완전히 바뀌었지. 어른이 되어 나라를 다스리게 된 고종은 대원군과는 달리 개화파를 지지하고 나섰거든.

일본의 군함 운요호의 침략

대원군이 물러났다는 소식이 일본 땅에 전해지자 일본 정부는 들끓기 시작했어. 절호의 기회가 왔다고 생각했기 때문이야. 일본은 이미 서양의 강대국인 미국·영국·러시아·프랑스·네덜란드와 통상 조약을 맺어 근대화를 착착 진행시키고 있었어. 또 유학생들을 외국에 보내 서양의 학문을 배워 오게 하였지. 일본은 서양의 강대국들처럼 식민지를 가지고 싶었어. 그래서 가장 먼저 가까운 조선 땅에 군침을 흘렸단다. 언제 조선을 침략할지를 두고 1870년대 내내 고민하고 있었지. 그들은 대원군이 정치에서 물러난 이때가 가장 좋은 기회라고 생각했어. 하

운요호

지만 조선은 일본의 속셈을 제대로 모른 채 일본을 얕잡아봤지.

　1875년 일본은 부산 앞바다에 군함 운요호를 몰고 와 무력 시위를 벌였어. 우리나라 관리가 나가서 왜 남의 나라에 와서 도발을 하느냐고 따지자, 일본 함장은 요란한 함포 사격으로 응답했어. 그런 뒤 운요호는 남해안을 거쳐 서해로 올라가 제멋대로 강화도에 접근했지. 그러자 우리 해안을 지키는 초지진 포대에서는 운요호가 서울의 입구인 염하로 들어가는 것을 막기 위해 위협 사격을 했어. 운요호는 물러나면서 지금의 국제 공항이 들어서 있는 영종도에 마구 함포 사격을 해댔지. 그런 뒤에 군인들이 상륙하여 주민들을 죽이고 집에 불을 지른 뒤 달아났어. 일부러 조선을 도발한 거지. 여기에 일본의 꿍꿍이가 숨어 있었단다.

일본의 야심이 담긴 강화도 조약

　나라 안에서는 소동을 피운 일본을 혼내 주자는 소리가 들끓었어. 그런데 일본은 도리어 조선에 책임이 있다면서 따지고 들었어. 자기네는 전혀

공격할 마음이 없었고 단지 물을 얻으려고 강화도 초지진에 들렀을 뿐인데 조선군이 갑자기 공격하는 바람에 싸움이 벌어졌다는 거야. 그러나 그 이후 일본이 취한 태도를 보면 일부러 군사 충돌을 일으켜 침략의 빌미를 잡을 셈이었다는 것을 알 수 있지.

"우리는 운요호 사건을 따지기 위해 강화도로 가려고 하오. 만약 조선의 대신이 강화도로 나오지 않으면 곧바로 한양으로 들어갈 것이오."

일본에서 보내온 편지를 보고 조선 정부는 발칵 뒤집혔어. 일본의 요구를 받아 통상을 해야 할지, 아니면 거절해야 할지를 두고 갈팡질팡했지. 일본 배는 이미 강화도를 향하여 출발한 상황이었어.

그때 조선 정부에 청나라 대신 이홍장의 편지가 도착했어.

"조선이 일본과 조약을 맺으면 전쟁을 피할 수 있을 것이오. 만약에 조선이 우리의 권고를 받아들이지 않을 경우, 장차 어떠한 사건이 일어난다 해도 우리는 책임지지 않겠소."

조선이 일본과 조약을 맺으면 전쟁이 나지 않을 것이고, 맺지 않으면 전쟁이 날 것이라고 위협하는 내용이었어. 이 편지는 청나라 이홍장이 미리 일본의 부탁을 받고 보낸 거였지. 조선 정부는 하는 수 없이 일본의 요구를 받아들이기로 했어. 일본은 아예 조약 내용을 만들어 와서는 도장을 찍으라고 내밀었지. 조선은 겨우 글자 몇 자만 고쳤을 뿐이란다. 1876년 2월에 조선 대표와 일본 대표는 강화도에서 조약을 맺었어. 이것을 '강화도 조약'이라고 해.

강화도 조약은 일본이 조선에 강요하여 맺은 '불평등 조약'이었어. 왜 그러냐고? 주요 내용을 보자.

제1조, 조선은 자주국으로서 일본과 평등한 권리를 갖는다.

제4조, 조선은 부산과 두 항구를 개방하고, 일본인이 자유롭게 다니면서 장사할 수 있게 한다.

제7조, 일본이 자유로이 조선 해안을 측량할 수 있도록 허가한다.

제10조, 일본인이 조선에서 범죄를 저질렀을 때에는 모두 일본인 관리가 심판한다.

제1조는 일본이 청나라를 경계한 내용이야. 말은 번듯하지만 사실은 청나라가 조선에 영향력을 행사할까 봐 이를 미리 막기 위한 것이었지.

제7조는 영토 주권을 침해하는 조항이야. 남의 나라 땅을 멋대로 측량하겠다는 거였지. 제10조도 불평등한 조항이야. 이대로라면 일본인이 우리나라 사람을 죽여도 우리가 재판권을 갖지 못하고 범인을 일본에 넘겨야 해. 이것을 '치외법권'이라고 하는데, 외교관만이 아니고 모든 일본인에게 이 특권을 주어야 한다는 거야. 쉽게 말해 일본인이 들어와 무슨 짓을 하건 조선인은 보고만 있으라는 거였어.

이 강화도 조약에 따라 부산 · 원산 · 인천 항구가 열리고, 일본인들이 조선에 자유로이 드나들 수 있게 되었어. 그들은 관세와 선박세 한 푼 물지 않고 물건을 마음대로 팔 수 있었어. 일본이 조선의 경제를 틀어쥘 수 있게 된 거야.

미국과 맺은 조약

미국은 조선이 일본과 강화도 조약을 맺었다는 소식을 듣고 당장 슈펠트

강화도 조약을 맺기 위해 회담하는 조선과 일본 대표

제독을 파견했어. 그들은 신미양요 사건이 있은 뒤로도 계속 조선과 통상을 하고 싶어 했거든. 처음에는 일본을 통해 시도했지만 여의치 않자, 곧 청나라의 이홍장을 통해 조선과 접촉했지. 그리고 이윽고 1882년 제물포에서 조선과 조약을 맺는 데 성공했어. 이름하여 '조·미 수호통상 조약'이야. 이 조약에서 조선은 미국에 '최혜국 대우'를 허락했지. 다시 말해 조선이 앞으로 다른 나라에 어떤 특혜를 줄 때에는 미국에도 자동으로 그 특혜를 준다는 거였어. 물론 '치외법권'도 함께 보장했지. 이 조약을 맺은 뒤, 조선은 영국·독일·러시아·프랑스 등과 연달아 조약을 맺고 최혜국 대우와 치외법권을 인정해 주었어. 조선이 서양 열강의 야욕에 차례로 무릎을 꿇기 시작한 거야.

일본의 문물을 받아들인 개화파

일본과 강화도 조약을 맺은 그 해, 조선 정부는 일본에 외교 사절인 수신사를 보냈어. 수신사 김기수는 사람들을 데리고 일본의 이곳저곳을 둘러보았지. 일찍 근대화를 이룬 일본의 모습은 조선과는 많이 달랐어. 공장에서는 물건들이 쏟아져 나오고 항구에는 증기선이 수없이 오고 갔어. 큰 도로마다 철근 콘크리트와 대리석으로 지은 건물들이 우뚝우뚝 서 있었지. 신식 소총과 대포로 무장한 일본군은 군사 훈련을 받고 있었고 말이야. 김기수는 보고 들은 일을 자세히 적어 고종에게 보고하였어. 고종은 청나라에도 영선사를 파견하여 국방 기술을 익히는 데 각별한 관심을 기울였어. 이때 우리나라 기술자 38명은 톈진의 기기국을 방문해서 화약과 탄약 제조법을 배웠지.

고종은 개화 정책을 적극 추진하기 위해 '통리기무아문'을 설치하였어. 통리기무아문에는 통상·군기·함선·어학 등의 부서를 두고, 외교와 통상, 군사 업무를 맡겼어. 다음 해에는 '별기군'이란 신식 군대를 만들고 일본인 교관을 불러와 신식 군사 훈련을 익히게 했지. 나라에서는 구식 군대보다 이들에게 더 나은 대우를 해 줬어.

박규수가 벼슬을 그만둔 지 벌써 두 달이 지났어요. 그러나 하루도 한가한 날이 없었지요. 박규수는 자신의 사랑방을 찾아온 사람들을 만나느라 정신이 없었어요. 하루는 박규수가 지구의를 보여 주며 물었어요.

"청나라가 세계의 중심이라고 생각하는가?"

대답이 없자 박규수가 말을 이었어요.

"그동안 우리는 청이 가운데 있고 조선이나 일본, 그 밖의 나라들은 모두 주변에 있다고 여겨 왔지. 그러나 이 지구의를 돌려보게. 이리 돌리면 미국이, 저리 돌리면 우리 조선이 세계의 중심이 되는 것 아닌가?"

사랑방에 모인 사람들은 가슴이 뜨거워지는 것을 느꼈어요.

"스승님, 조선이 세계의 중심이 될 수 있다는 말씀에 제 가슴이 마구 뜁니다. 우리 젊은이들이 어찌 해야 조선을 부강한 나라로 세울 수 있겠습니까?"

활달한 김옥균이 물었어요.

"무조건 서양 문물을 반대하고 물리쳐서는 세계의 중심이 될 수 없네."

"어르신은 평양 감사 시절에 미국의 상선 제너럴 셔먼호를 공격하여 불태운 일이 있지 않으십니까?"

덩치가 큰 유대치가 말했어요. 유대치는 중인 신분이었지만 서양 서적을 읽고 개화 사상에 눈을 떠가고 있었어요.

"그랬지. 그 사건 이후로 두 차례나 중국 베이징을 다녀올 기회가 있었는데,

그때 생각이 많이 바뀌었지. 돌아가신 할아버지의 말씀이 자꾸 귀에 아른거린다네."

박규수가 말하는 할아버지란 연암 박지원이었어요. 박지원은 조선 후기의 실학자로서 나라를 부강하게 하려면 앞선 청나라의 문물을 배워야 한다고 주장했던 사람이지요.

박규수는 베이징을 다녀온 뒤 임금에게 줄기차게 아뢰었어요. 서양의 문물을 무조건 물리칠 게 아니라, 외국과 통상을 하고 그들의 문물을 받아들여야 한다고 주장했지요. 그러나 이항로, 최익현 같은 유생들은 이를 결사반대했어요.

"개화는 절대 안 되오. 서양 문물은 조선 백성들에게 아무런 도움이

되지 않을 뿐만 아니라, 큰 화를 불러일으킬 거요."

지난 일이 떠오르자 박규수는 머리를 세차게 흔들었어요. 박규수는 벼슬을 그만두고 서울 북촌의 양반 자제들을 사랑방에 불러 모아 가르쳤어요. 북학파의 실학 사상은 물론이고, 조선을 둘러싼 여러 나라들의 움직임이 모두 그의 사랑방에서 논의되었지요.

그 때 오경석이 책 두 권을 꺼냈어요.

"중국에서 구해 온 책이오. 《해국도지》, 《영환지략》인데 돌려보시오."

김옥균이 반기듯이 책을 들춰보며 말했어요.

"이것은 청에서 만든 책 아닙니까? 세계 여러 나라의 사정을 자세히 소개한 거로군요."

오경석은 청나라를 13차례나 다녀온 역관 출신이에요. 중국에 있을 때 수도 베이징이 영국·프랑스 연합군에 의해 점령당한 사건에 큰 충격을 받았지요. 오경석은 조선에도 이런 위기가 닥칠 것이라고 내다보았어요.

"조선이 서양 세력에 무너지지 않으려면 문호를 개방하여 서양 문물을 배워야 하오. 그래서 나라를 튼튼히 하여 서양을 막아야 하오. 지금처럼 나라 문을 단단히 걸어 잠근다면 발전이 없지요."

듣고만 있던 이동인이 맞장구를 쳤어요.

"나도 그리 생각하오. 일본은 이미 문호를 개방하여 선진 문물을 받아들이고 제도를 개혁하여 근대화를 이루었소. 우리가 문을 닫아 건 사이에 엄청나게 발전을 이루었소이다."

김옥균이 흥분한 목소리로 말했어요.

"일본이 동양의 영국이라면, 조선은 동양의 프랑스로 발전시키는 게 제 꿈입니다. 조선도 일본처럼 반드시 근대 국가를 이룰 것입니다."

박규수가 자리에 앉으면서 말했어요.

"나는 이미 늙었네. 여러분 어깨에 조선의 운명이 걸려 있으니 서로 힘을 모아야 하네."

"예."

사랑방에 모인 선비들은 박규수를 향해 고개를 숙였어요.

박규수의 사랑방에 모인 사람들은 개화 사상을 중심으로 똘똘 뭉치기 시작했어요. 북촌의 양반 자제들인 김옥균·박영효·박영교·서광범·서재필 등이 모여 개화파를 이루었어요. 김옥균은 신분이 높고 낮음을 가리지 않고 사람들을 끌어들였어요.

"우리 개화파는 일본을 모범으로 삼아 개혁을 추진하려 하오. 깨어 있는 젊은이만이 나라를 개혁할 수 있소. 전하를 잘 보필하여 나라를 부강하게 만듭시다."

개화파들은 점점 힘을 키워나갔어요. 김옥균과 개화파들은 쿠데타를 일으켜 나라를 개혁하려고 하였지요. 그러나 쿠데타는 실패하고 말았어요. 그 사건이 바로 '갑신정변'이랍니다.

개화에 맞선 위정 척사 운동

개화 정책이 착착 추진되면서 김옥균·박영효·서광범·서재필·유길준·김홍집 등의 젊은이들이 중심 인물로 떠올랐어. 이들은 박규수와 유대치, 오경석 등에게 세계의 정세와 개화 사상에 대해 배웠지. 박규수와 유대치는 일찍이 청나라를 오가면서 앞선 문물을 받아들여야 한다고 생각한 터였어. 그러나 개화파 젊은이들은 서양과 일본을 오랑캐로 여기는 유학자들과 부딪혔지. 그런 유학자들의 중심에 이항로와 최익현이 있었어.

경기도 양평에 사는 선비 이항로는 전쟁을 해서라도 서양 세력을 물리치자고 했어. 이항로의 수제자였던 최익현은 일본과 통상 조약을 맺는다는 소식을 듣고, 대궐 앞에서 도끼를 들고 임금에게 상소를 올렸어.

"조정 관리 가운데서 한 사람이라도 화친을 주장하여 나라를 팔아먹고 짐승을 끌어들이려 한다면 사형에 처하시길 바라옵니다. 만일 그렇게 하시지 않으실 것이라면 이 도끼로 저를 죽이시옵소서."

일본을 '짐승'이라고 하며 개화파를 나라를 팔아먹는 자들이라고 비난하고 있는 거야. 이와 함께 이남손을 비롯한 유학자들이 줄줄이 서명한 글을 고종에게 올려, 개화파 김홍집을 사형시키라고 주장했어. 유학자들이 왜 벌 떼처럼 일어났을까? 김홍집이 일본에서 가져와 고종에게 건넨《조선책략》이 문제였지. 그 책은 청나라 외교관 황쭌셴이 쓴 것으로 내용 중에

양평의 이항로 유적 ⓒ엔사이버

이런 구절이 들어 있었어.

"러시아가 침략하려 하니 청나라에 의지하고 일본과 손잡으며 미국의 도움을 받는 것이 조선이 살길이다."

이런 유학자들의 주장에는 물론 애국심이 바탕에 깔려 있었지만 문제점도 있었어. 나라 문을 굳게 닫아걸라고 주장하면서 앞선 나라의 문물까지 뿌리치자는 것은 우물 안 개구리가 되자는 것과 다를 바 없었지. 그런 주장이 거셀수록 개화 정책은 주춤거렸으며, 그만큼 나라의 근대화는 멀어질 수밖에 없었단다.

구식 군대들이 일으킨 임오군란

개화파와 척사파 사이가 삐걱거릴 무렵, 큰일이 터졌어. 구식 군대의 군인들이 들고 일어난 거야. 왜 구식 군대가 들고 일어 났을까?

당시 구식 군대는 13개월 동안이나 월급을 받지 못하고 쫄쫄 굶고 있었어. 그러던 차에 한 달치 월급을 준다고 하여 우르르 선혜청 도봉소로 갔지. 좋아라 하며 월급 대신 준 쌀을 받았는데, 자루를 열어 보니 쌀 반, 모래와 겨 반이야. 군인들은 화가 머리끝까지 났어.

"이걸 사람 먹으라고 주는 거야?"

"썩어서 못 먹겠구먼."

군인들은 자기 쌀을 가로채고 대신 겨와 모래를 집어넣은 자가 누군지 짐작할 수 있었어. 그때 쌀을 나눠 주는 창고지기가 아니꼽다는 듯이 말했어.

창고지기는 선혜청 당상 민겸호의 하인이었지.

"주는 것만 해도 고마운 일인데 뭔 잔소리가 많아?"

"이놈아, 뭣이 어째?"

구식 군인들이 달려들어 창고지기와 싸움이 붙고, 다른 군사들도 우르르 몰려들었어. 도봉소는 삽시간에 아수라장이 되었고 창고지기들은 피투성이가 된 채 도망쳤지. 보고를 받은 민겸호는 말썽 부린 군인들을 실컷 두들긴 뒤 곧 목을 베겠다고 호통을 쳤어. 이 소식에 군인들은 분통을 터뜨리며 민겸호의 집을 찾아가 박살내고 불을 질러 버렸지. 내친 김에 별기군의 일

본인 교관을 죽이고, 궁궐로 쳐들어가 민겸호와 경기 감사를 죽였어. 심지어 왕비 민 씨를 찾아 죽이려 했어. 하지만 이미 왕비는 궁 밖으로 탈출한 뒤였지. 군인들은 개화 정책을 무리하게 추진한 민 씨 일파의 배후에 왕비가 있다고 믿고, 반대편에는 대원군이 있다고 믿었어. 그래서 대원군의 집권을 주장했단다. 이 사건을 임오년에 군인들이 일으킨 난리라고 하여 '임오군란'이라고 부르지.

조선 땅에 들어온 외국군

고종은 할 수 없이 아버지 대원군을 불러들였어. 군인들이 일으킨 폭동을 수습해 달라고 말이야. 이리하여 대원군이 다시 권력을 쥐게 되었지. 먼저 대원군은 군인들에게 밀린 월급을 지급하고, 폭동을 일으킨 죄를 묻지 않기로 했어. 아울러 개화 정책으로 추진된 별기군을 없애고, 5군영을 되살렸어. 구식 군대 편에 서겠다는 뜻이었지.

한편 폭동을 피해 궁궐을 빠져나간 왕비 민 씨는 어떻게 되었을까? 왕비 민 씨는 대원군과 폭동을 일으킨 군인들을 몰아내 달라고 청나라에 요청했어. 청나라군은 의기양양 조선 땅에 들어왔어. 군사 4천 명이 군함 3척에 타고 인천으로 들어왔지. 대원군을 납치해서 중국으로 보내고, 구식 군인들을 폭도로 몰아서 잔인하게 진압했어. 이리하여 34일 만에 민 씨 일파가 대원군을 몰아내고 다시 정권을 잡았단다.

그런데 청나라 군대는 왕실을 지켜주겠다는 구실로 돌아가지 않고 머물렀어. 민 씨 정권을 등에 업었으니 조선에서 날개를 단 셈이었지. 그들은 지금의 중국 대사관이 있는 명동에 둥지를 틀고 조선을 차지할 궁리를 했

는데, 그런 음모의 주동자가 위안스카이였어. 위안스카이는 20대의 새파란 청년으로 조선 조정을 손 위에 놓고 쥐락펴락했지.

한편 일본도 임오군란으로 피해를 보았다고 항의했어. 화가 난 구식 군인들이 일본 공사관에 쳐들어가 불을 질러 버렸거든. 일본은 조선 정부에 그 군인들을 처벌하고 50만 원을 배상하라고 을러대면서 일본 공사관에 경비병을 둘 수 있도록 해달라고 요구했어. 민씨 정권은 그 요구를 들어주었지. 이것이 일본군이 서울에 발을 붙일 수 있는 구실이 되고 말았어.

두 나라에서 온 군대는 조선의 주권을 짓밟는 화근이 되었지. 그들은 조선의 수도 한양 한복판, 궁궐이 가까운 곳에 둥지를 틀고 여차하면 궁궐로 쳐들어갈 준비를 하고 있었어.

● 창극 《최병두 타령》의 인기

많은 사람들이 고전 《춘향전》은 알지만 《최병두 타령》은 잘 몰라. 《춘향전》은 사랑하는 이몽룡을 위해 춘향이가 끝끝내 절개를 지킨 이야기라는 것 알지? 사또 변학도는 수청을 들라며 춘향이를 옥에 가두고 죽이려고 해. 그러나 이몽룡이 암행어사가 되어 변학도를 혼쭐내고 춘향이를 구해 줘. 이몽룡 앞에서 벌벌 떠는 변학도를 보고 사람들은 박수를 보내며 후련해 하지. 또, 천한 신분을 극복한 춘향이를 통해 대리만족을 느끼기도 했어.

창극 《최병두 타령》은 1908년 공연되었던 판소리 작품인데 변학도처럼 무능하고 탐욕스런 정 감사라는 인물이 나와. 그는 부자 최병두를 불러다가 재산을 빼앗고 매를 때려죽이려 했지. 최병두는 당대의 탐관오리 정 감사에게 대항하다 죽고 말아. 그런데 이것은 실제로 일어난 일이었대.

《최병두 타령》은 백성들의 마음 속에 꿈틀대는 정의감에 호소했어. 인기가 좋아서 공연 때마다 사람들이 몰려들었다고 해. 《최병두 타령》은 최병두를 통해 성장하는 평민층의 모습을 부각시키면서 지배층의 부패와 타락을 꼬집었어. 당시 개항기 백성들의 억눌린 심정을 다소마나 풀어 주는 역할을 했지.

돋보기

프랑스에 건너간 강화도 외규장각의 옛 책

1993년 9월의 일이야. 우리나라에 온 프랑스의 미테랑 대통령이 큼지막한 고서 한 권을 김영삼 대통령에게 돌려주었어. 강화도 외규장각에 있었던 우리의 옛 책인 의궤 한 권이었단다. 당시 우리나라는 고속 전철 사업을 추진하고 있었는데, 프랑스가 자국의 고속 전철을 선정해 달라면서 책을 돌려보낸 거야. 조선의 보물이었던 이 책이 어떻게 해서 프랑스로 가게 되었을까?

1866년 프랑스 군대가 조선을 침공해 왔어. 이 해는 병인년이었기 때문에 이 사건을 '병인양요'라 하지. 당시 조선은 천주교 선교를 불법으로 여기고 있었기 때문에, 우리나라에 들어와 선교를 하던 프랑스 신부 9명이 잡혀 죽임을 당했어. 선교사 리델이 탈출하여 중국 톈진에 있던 프랑스 극동 함대 사령관 로즈에게 이 소식을 알렸지. 로즈는 한강을 따라 서울 문턱인 양화진까지 염탐했고, 얼마 뒤 군함 7척을 몰고 와 강화도를 점령했단다.

조선은 당장 물러가라고 요구했어. 하지만 로즈는 프랑스 신부를 죽인 일을 따지며, 책임자를 처벌하라고 했지. 조선은 그들이 순순히 물러나지 않을 것을 알고, 전등사에서 반격을 시작했어. 로즈의 군대는 강력한 대포와 총으로 무장하고 있었으나, 기습에 밀려 약 30명이 크게 다치는 피해를 입었어. 결국 한 달이 못 되어 철수하면서 분풀이로 궁궐과 관아에 불을 지르고 외규장각에 들어가 그 안에 있던 책과 보물

강화도에 다시 지어진
외규장각

을 털어 군함에 싣고 도망갔던 거야.

  강화도의 외규장각은 창덕궁에 있던 규장각과 함께 나라에서 세운 왕실 도서관이야. 6칸 건물 규모의 외규장각에는 각종 고서와 보물들이 가득했어. 쇠로 테두리를 박아 만든 의궤 3백 종을 비롯하여 지도와 천문도, 금으로 만든 왕과 세자의 도장들, 값진 족자 등이 있었지. 이런 것을 프랑스군에게 몽땅 약탈당한 거야.

  이로부터 120여 년 뒤, 의궤 한 권이 돌아오자 사람들은 드디어 외규장각의 보물들이 돌아오는 길이 열리나 기대했어. 하지만 프랑스의 테제베가 들어와 KTX란 이름으로 달리게 된 후에도 의궤들은 돌아오지 않았지. 그러다가 2011년 4월 14일 1차로 75권이 돌아온 것을 시작으로 5월 말까지 4차례에 걸쳐 귀환될 예정이야. 하지만 아쉽게도 이 반환은 프랑스가 우리에게 빌려주는 형태로, 5년 마다 계약을 다시 맺어야 해. 외규장각 도서가 우리에게 돌아온 것은 반가운 일이지만, 우리의 잃어버린 문화재를 되찾기 위한 갈 길은 아직 먼 셈이지.

과거에서 온 편지

문을 열어야 하나, 닫아야 하나?

"쾅! 콰과광!"

으앗, 무슨 소리야? 아니, 저건 조선 배가 아니잖아? 외국 배들이 계속 찾아와서 교역을 하자고 하더니, 결국 포탄을 쏘며 공격을 해오지 뭐야! 맹렬히 싸웠지만 신식 무기로 무장한 그들을 이기기는 힘들었어. 할 수 없이 일본, 미국 등과 불공정한 조약을 맺었어.

사람들은 양쪽으로 갈려 개화와 척화를 주장하고 있네. 팽팽한 주장이 계속되는 가운데 청나라는 군대를 끌고 들어와 조선을 좌지우지 하고, 덩달아 일본군까지 조선으로 들어왔어! 다른 나라의 군대들이 조선 땅에 있다니, 전쟁이라도 벌어질까 봐 너무 걱정돼.

05

갑신정변과 동학 농민 운동

조선의 운명은 갈수록 어두워졌어.
개화파는 쿠데타를 일으켜 신속히 근대화를 이루고자 했지.
하지만 청나라의 무력 진압으로 개화파의 쿠데타는 실패로 돌아갔고
갑신정변으로 잡은 정권은 3일 천하로 끝나고 말았어.
한편 고통을 견디다 못한 농민들의 봉기로 동학 농민 운동이 시작됐어.
관군이 무너지자, 민 씨 일파는 다시 청나라에 도움을 청했지.
그런데 청나라 군대가 아산에 상륙하자, 일본도 군대를 보냈어.
결국 두 나라 사이에 전쟁이 벌어지고 말았단다.
한반도는 다른 나라의 전쟁터가 된 거지.
청·일 전쟁에서 승리한 일본은 친일 내각을 세웠어.
전봉준과 농민들은 일본을 무찌르기 위해 다시 일어섰지.
농민군이 신식 대포와 총을 지닌 일본군과 정면으로 맞붙은 거야.
과연 농민군은 일본군을 물리칠 수 있었을까?

| 주요 사항 | 시대 |

태극기 사용 1883년

우정국 설치, 갑신정변 1884년

함경도에 방곡령 실시 1889년

동학 농민 운동 1894년

갑오개혁 1894년

청·일 전쟁 1894년-1895년

유길준 《서유견문》 지음 1895년

조선

가 보자, 여기
갑오동학혁명기념탑

1894년의 동학 운동은 19세기 말 최대의 농민 항쟁이었어.
이 일을 기억하기 위해 1963년에 세운 탑이 '갑오동학혁명기념탑'이야.
전라북도 정읍 황토현 전적지에 있어.
황토현 전적지는 동학 농민군이 관군에 맞서 대승을 거둔 자리란다.
기념탑의 뒷면에는 2개의 노래가 새겨져 있어.
'새야 새야 파랑새야. 녹두밭에 앉지 마라,
녹두꽃이 떨어지면 청포 장수 울고 간다.'
'가보세 가보세 을미적 을미적 병신되면 못 가보리.'

개화파의 거사, 갑신정변

갑신정변을 계획하다

임오군란 이후, 청나라의 도움으로 왕비 민 씨와 그 일파가 권력을 다시 잡았어. 왕비 민 씨와 그 일파는 자신을 도운 청나라에 매우 굽실거렸지. 그들은 아무 소리도 못하고 청나라 위안스카이가 하자는 대로 따랐어. 청나라 군대를 지휘한 위안스카이는 새파랗게 젊은 군인인데, 나이든 조정 대신을 제 하인 부리듯이 했지. 또한 청나라 상인들을 서울로 불러들여 이익을 챙겨 주었어. 일본도 만만찮은 상대였어. 강화도 조약 이후에 일본 상인들이 개항장을 파고들어 조선 경제를 야금야금 파먹고 있었거든.

개화 정책에도 빨간 불이 켜졌어. 청나라는 조선이 개화하는 것을 바라지 않았어. 조선이 개화하는 것을 청나라 손아귀에서 벗어나려는 것으로 보았지. 청나라에 의존하고 있던 민 씨 일파는 그동안 추진하던 개화 정책을 포기했고, 개화파들을 볼품없는 자리로 내몰았어. 그러자 개화파들은 분통을 터뜨렸어.

"이러다간 청나라가 조선을 차지하고 말 거요."

"청나라 편만 드는 민 씨 일파들을 더 이상 두고 볼 수 없소."

개화파들은 모여서 나라를 걱정하다 급기야 민 씨 일파를 없앨 궁리를 했어. 김옥균을 비롯한 홍영식·박영효·서재필·서광범 등이 중심을 이루었지. 개화파들이 제거하려 한 세력은 왕비의 오빠인 민영익을 비롯한 김윤식·어윤중 등 수구파 대신들이었어.

　1884년 봄부터 개화파는 거사 준비에 들어갔어. 일본도 개화파를 돕겠다고 약속했어. 이 기회에 조선에서 청나라를 몰아내고 세력을 넓히려는 속셈이었지. 하지만 김옥균을 비롯한 개화파들은 일본의 꿍꿍이를 알지 못했어. 그해 12월 4일 우정국이 처음 문을 여는 날을 축하하는 연회장을 거사 장소로 잡았어. 각국의 외교관과 조선 관리들이 잔치에 빠졌을 때 갑자기 크게 외치는 소리가 들렸어.

　"불이야, 불!"

　곧이어 민영익이 칼에 맞고 다른 사람들도 잇달아 쓰러졌지. 연회장은 금세 아수라장이 되었어. 김옥균과 일행은 급히 궁궐로 가서 고종에게 아뢰었어. 큰일이 났으니 경우궁으로 거처를 빨리 옮겨야 한다고 말이야. 그리고 일본 군대가 왕을 호위할 수 있게 어명을 내려 달라고 했어. 고종과 왕비 일행이 거처를 경우궁으로 옮기자마자, 일본 군대가 달려와 경우궁을 호위했어. 다음 날 개화파는 새로운 정부가 들어섰다며 새로 내각을 맡을 인물도 밝혔지.

　"영의정에 이재원, 좌의정에 홍영식, 호

양복 입은 개화파들 ⓒ국사편찬위원회

143

조참판에 김옥균, 외교에 서광범, 군사에 박영효와 서재필을 임명한다."

사흘 뒤, 고종은 다시 창덕궁으로 돌아왔어. 그러고는 개화파가 제시한 개혁안대로 시행한다는 어명을 내렸지. 바로 그때 청나라 군대가 궁궐로 들이닥친다는 소식이 들렸어. 이 소식을 듣고 개화파를 돕겠다던 일본은 군대를 거두어 뒤로 빠졌지. 일본을 철썩같이 믿고 있던 개화파들은 얼마나 당황했겠어! 이제 개화파에게 남은 건 도망가거나 청나라군에 맞서 싸우는 길밖에 없었지. 결국 홍영식과 박영교가 청나라군에게 잡혀 그 자리에서 죽고, 김옥균·박영효·서광범·서재필 등은 인천으로 도망갔어. 거기서 배를 타고 일본으로 망명하였지. 그렇게 김옥균을 비롯한 개화파들의 정권은 3일 만에 막을 내리고 말았어. 이 사건을 갑신년에 일어난 정변이라 하여 '갑신정변'이라고 한단다.

3일 만에 끝나다

 갑신정변은 3일 만에 청나라 군대의 개입으로 실패하고 말았어. 그런데 청나라 군대가 어떻게 창덕궁으로 들이닥칠 수 있었을까? 바로 왕비 민 씨 때문이었어. 왕비 민 씨가 청나라 군대를 불러들인 거였지. 그 때문에 갑신정변은 3일 천하로 끝나고 말았던 거야.

 급진적이긴 했지만 갑신정변을 주도했던 사람들은 하루빨리 조선을 근대화시키고 싶다는 열망을 품고 있었단다. 개화파는 청나라에 바치던 조공을 없애고 잡혀간 흥선 대원군을 돌아오게 하자고 했어. 양반 중심의 신분제를 없애고, 조세법을 고쳐서 나라 수입을 늘리자고 했지. 또 내시부를 없애 국왕 마음대로 권력을 휘두르지 못하게 했어. 비록 실패했지만, 갑신정변은 조선의 자주 독립과 여러 분야에서의 근대화를 추진한 최초의 개

● 김옥균은 누구를 만났어야 했나?

　일본으로 망명한 김옥균이 가만히 눌러앉아 있지는 않았어. 그는 일본의 이토 히로부미와 청나라의 이홍장을 만나서 조선의 장래에 대해 담판을 벌이려 했어. 그러나 그들은 김옥균을 그저 성가신 인물로 여겼을 뿐이야. 《청·일 전쟁》이라는 역사 소설을 쓴 일본의 소설가 진슌신은 이렇게 말했어.
　"김옥균은 히로부미와 이홍장을 만나려고 애쓰지 말고 전봉준을 만났어야 했다."
　이게 무슨 말일까? 이토 히로부미와 이홍장은 실패하여 쫓겨 온 망명자의 의견에 귀를 기울일 인물들이 전혀 아니었다는 거야. 설령 만나 준다 해도 조선에 대한 이권을 포기할 사람들이 아니었다는 거지. 진슌신은 이렇게 생각했어.
　"나라를 구하겠다는 전략과 신념을 가진 엘리트 양반 김옥균과 민중의 지지를 받는 농민군의 지도자 전봉준이 서로 손을 맞잡았어야만 조선의 앞날이 열렸을 것이다."
　김옥균은 이홍장과의 담판에 기대를 걸고, 중국 상하이로 건너갔어. 하지만 그를 기다리고 있는 것은 그의 목숨을 노리는 자객이었지. 김옥균의 마음은 애국심으로 불탔지만, 불행히도 흔들리는 조국을 구할 올바른 방법을 택한 것은 아니었어.

혁 운동으로 평가받고 있어.
　갑신정변은 왜 성공하지 못했을까? 일본이 개화파를 배신한 게 원인이지만 개화파가 지나치게 일본을 믿고 의지했던 것도 잘못이야. 청나라를 몰아내려고 일본을 끌어들이려 하다니, 호랑이를 쫓아내려다 살쾡이를 불러들이는 꼴이 아니고 무엇이겠니? 갑신정변이 성공했더라도 조선을 손에 넣으려는 일본의 영향력이 거세졌겠지. 게다가 백성들은 개화파를 지지하지 않았어. 개화파를 일본 편이라고 생각했거든. 개화파가 일본을 모범으로 하여 빨리 근대화를 서두르자고 했기 때문이지.

갑신정변 후 더욱 기세등등해진 청나라 위안스카이의 행패는 끝이 없었어. 조선 정부는 그 굴욕을 견뎌야 했지. 청나라의 내정 간섭은 점점 심해졌고 서양 국가들은 잇속을 챙기느라 정신이 없었어. 하지만 조선 정부는 아무런 힘도 쓸 수 없었지. 조선 땅은 청나라, 일본뿐만 아니라 영국, 러시아까지 뒤엉킨 싸움터로 변해 갔어.

개화파의 동지들

청나라·일본 상인이 활개 치는 조선

그러는 가운데, 청나라와 일본 상인들은 조선 경제에 한층 깊숙이 파고들었어. 조선과 강화도 조약을 맺은 일본은 부산을 비롯한 세 항구를 자유롭게 드나들며 장사를 했어. 일본이 조선 무역을 독점하다시피 했지. 그들은 조선에 '옥양목'을 팔아 이문을 톡톡히 남겼어. 옥양목은 무명보다 조금 비쌌지만 보들보들한 촉감, 새하얀 빛깔에 사람들이 너도나도 사 갔거든.

옥양목은 영국산 면제품이야. 당시 영국은 세계의 공장으로 불렸는데, 특히 옥양목은 기계로 대량 생산한 것이기 때문에 값이 쌌어. 그에 비하면 우리 무명은 일일이 베틀로 짜기 때문에 시간이 많이 들어 도저히 영국산 면제품과 경쟁을 할 수 없었어. 이로 말미암아 무명을 짜서 내다 팔던 수많은 농민들은 망하고 말았단다. 베틀도 쓸모가 없어져 불쏘시개 감으로 던져졌지.

이 밖에도 값싸고 편리한 서양 문물이 마구 들어왔어. 사람들은 외제 물건을 사려고 쌀과 콩을 내다 팔았어. 일본 상인들은 이걸 노린 거야. 우리

나라 쌀은 맛도 좋고 가격도 일본 쌀의 3분의 1 수준이었으니까. 그렇게 일본 상인들이 쌀을 싸게 사서 대량으로 일본에 실어 가자, 조선에는 쌀이 귀해질 수밖에 없었지. 쌀 가격이 올라 굶어 죽는 사람마저 생겼어. 그러자 함경도 등지에는 '방곡령'이 내려졌어. 함경도 관찰사 조병식은 "함경도는 큰 흉작으로 백성들이 굶고 있다. 앞으로 함경도에서는 일본 상인에게 곡식을 파는 것을 금지한다."라는 명령을 내렸지. 우리 백성도 굶주리는 판에 쌀이 일본으로 실려 나가서는 안된다고 생각한 거야. 그러나 일본은 도리어 방곡령 실시를 미리 알리지 않았다며 조병식을 처벌하고 보상금으로 11만 원을 내라고 을러댔어. 조선 정부는 하는 수 없이 보상금을 물어 주어야 했지.

 그럼 청나라 상인은 어땠을까? 초기에는 규모가 작았지만 19세기 후반에는 일본 상인과 겨룰 정도로 큰 상권을 이루었지. 고종과 민 씨 일파를 쥐고 흔들던 위안스카이가 뒤에서 청나라 상인들을 밀어주었기 때문이야. 청나라 상인들은 서울의 진고개와 명동 일대에 터를 잡고 비단을 비롯한 여러 물건을 팔았어. 특히 비단은 인기가 많아서 청나라 상인이 독점하였지.

 위안스카이는 기분이 아주 좋았어요. 나이 많은 조선의 대감이 어린 자기 앞에서 쩔쩔 매는 꼴이라니! 김윤식이 굽실거리며 말했어요.

 "청나라가 조선을 위하여 애써 주시니 얼마나 고마운 일입니까!"

 "당연히 그렇고말고. 우리가 수천 군대를 들여 조선을 보호하고 있으니 말이오. 반란을 일으킨 구식 군인 놈들을 모조리 눌러 버리지 않았소?"

 임오군란이 일어나자 청나라 군대는 대원군을 청나라로 납치하고 구식 군인들이 사는 지금의 이태원과 왕십리 일대를 쑥대밭으로 만들어 놓았거든요.

 위안스카이는 거만한 태도로 말했어요.

 "나라에 불만을 가진 반란군을 없애고, 우리 청나라 대국의 위세를 확실히 보여 준 좋은 기회였소. 보시오! 조선 조정도 입 다물고 청나라 군대에 벌벌 떨지 않소! 이것을 '꿩 먹고 알 먹고'라고 하오. 하하하."

 김윤식은 여전히 머리를 조아리며 아부했어요.

 "백번 맞는 말씀입니다. 우리나라가 청의 속국임은 하늘과 땅이 다 아는 사실이지요. 우리 조선이 어려울 때마다 청나라가 와서 도와주었으니 그 은혜 넘치옵니다."

1882년 임오군란이 있고 갑신정변이 일어난 동안 위안스카이는 이홍장에게 인정을 받았어요. 1885년 북양대신 이홍장은 위안스카이를 '주차조선총리교섭통상사의' 라는 이름의 직함을 주어 조선에 파견하였어요. 북양대신 이홍장은 조선 국왕을 꼭두각시로 만들고 조선을 끌어갈 사람이 필요했는데, 위안스카이가 가장 알맞다고 여겼거든요. 그의 나이 겨우 26살이었어요.

김윤식을 비롯한 조정 대신들이 위안스카이를 찾아왔어요.

"축하드리옵니다!"

"하하. 내 위로는 북양대신 이홍장, 그 위로는 청나라 황제가 계시오. 내 말이 곧 이홍장의 말이고, 나아가 청나라 황제의 말이란 것을 잊지 마시오. 알겠소?"

"예."

위안스카이는 노골적으로 조선의 내정을 간섭하고 들었어요. 먼저 청나라에 반대하는 세력들을 없애고 고종과 왕비를 비롯한 대신들을 감시했어요. 그리고 러시아와 가까워지려는 고종을 갈아 치울 음모까지 꾸몄어요.

'흐흐, 대원군 집에 불을 지르면 그를 따르는 자들이 들고 일어나 궁궐을 습격하겠지. 그때 내가 군대를 이끌고 가서 고종을 납치하고, 고종 형의 아들인 이준용을 허수아비 왕으로 세우는 거야.'

위안스카이는 이 일을 위해 군대를 보내달라고 이홍장에 요청하였어요. 이홍장은 텐진 조약 때문에 단독으로 군대를 보낼 수 없는 형편이었지요. 각 나라에서 온 외교관들도 위안스카이를 보고 수군거렸어요.

"한낱 외교관 주제에 조선의 국왕을 갈아 치우겠다고 큰소리치고 있네그려. 이게 말이 될 법한 일인가?"

"그러게. 조선 국왕은 위안스카이에게 모든 일을 허락받고 있질 않나? 그의 허락 없이는 아무것도 할 수 없는 조선이 되었네."

외교관들은 거들먹거리는 위안스카이를 미워했어요. 같은 외교관 주제에 조선 국왕을 떡 주무르듯이 하니, 자신들이 위안스카이보다 낮은 지위에 있는 것처럼 보였으니까요.

"두고 보게. 위안스카이가 무례하게 굴수록 청나라 입장만 곤란해질 걸세. 북양대신 이홍장도 생각을 고쳐먹어야 할 걸."

"위안스카이가 이홍장에게 소환되는 날이 빨리 왔으면 싶네."

고종을 물러나게 하려는 사건은 실패로 끝났어요. 김윤식도 이 사건에 연루되어 권력에서 밀려나 귀양길에 올랐지요. 하지만 위안스카이는 여전히 조선의 크고 작은 일에 낱낱이 간섭하려 들었어요. 북양대신 이홍장의 뒷심만 믿고 설친 거예요. 원래 위안스카이의 임기는 3년이었지만 세 차례나 연장할 정도로 이홍장이 든든히 뒤를 봐 주었거든요.

한편 1894년 동학 농민 운동이 터져 전주가 점령되자 민 씨 일파는 마음이 급해졌어요.

"지금 당장 농민군 진압에 청나라 군대가 필요하다고 요청하시오."

위안스카이는 민 씨 일파에게 압력을 넣었어요.

'임오군란이나 갑신정변도 우리 청나라 군대에 의해 진압되지 않았는가! 이 기회를 틈타 조선을 더욱 틀어쥐어야겠어.'

위안스카이는 새로운 기대로 부풀었어요. 하지만 청나라 군대가 들어오자 일본도 텐진 조약을 구실로 군대를 보내왔어요. 급기야 일본은 고종을 감금하고 청군을 공격하여 청·일 전쟁을 일으켰어요. 결국 1894년 6월 위안스카이는 이홍장의 명령에 따라 청나라로 되돌아갔지요. '조선 총독' 또는 '조선의 작은 왕'으로 불릴 정도로 권력을 휘두른 위안스카이가 조선에 온 지 12년 만의 일이었어요.

# 동학 운동이
일어나다

나라 안을 개혁하자 – 농민군의 1차 봉기

한편 동학은 널리 퍼져 신도 수가 늘어났어. 그들은 억울하게 죽은 교조 최제우의 누명을 벗게 해 달라는 운동을 벌였어. 두 차례에 걸쳐 호소를 해도 정부가 들어주질 않자, 1893년에는 동학교도 2만여 명이 충청도 보은에 모여 집회를 열었어.

"교조 최제우의 누명을 벗겨 달라."

"서양 놈들과 일본 놈들 모두 이 땅에서 몰아내자."

"썩은 벼슬아치들도 몰아내자."

정부에서는 이런 움직임이 반란으로 번질까 봐 서둘러 집회를 해산시키려 했어. 하지만 교주 최시형과 동학교도들은 썩은 벼슬아치를 처벌하겠다는 정부의 약속을 받아낸 뒤에야 흩어졌지. 어느새 동학은 나라에서도 무시할 수 없을 정도로 커졌던 거야.

이 와중에 1894년, 전라도 고부에서 농민들이 봉기를 일으켰어. 고부는 예로부터 쌀 생산지로 유명했던 곳이야. 그런데 조병갑이 군수로 오면서 일이 터졌어. 조병갑은 지독한 탐관오리였어. 농민들을 끊임없이 수탈했지. 그러다 새 저수지인 만석보를 만들어 강제로 물세를 거둔 게 문제가 되었던 거야. 필요하지도 않은 저수지를 만드는 데 농민들을 실컷 부려먹

더니 이번에는 저수지의 물에 세금을 매겨서 잔뜩 걷어갔거든. 이 물세는 고스란히 조병갑의 호주머니 속으로 들어갔어. 고부 농민들은 조병갑에게 달려가 부당함을 호소하고 관찰사에게 글을 올려 알려도 아무도 농민들의 말을 들어주질 않았단다. 화가 난 농민들이 고을에 사는 전봉준을 찾아갔어. 전봉준은 서당에서 훈장 노릇을 하고 있었지.

"우리의 지도자가 되어 앞장서 주시오. 못된 조병갑을 쫓아냅시다."

"힘을 합치겠소."

전봉준은 흔쾌히 대답했어. 그 전에 전봉준의 아버지가 조병갑한테 맞아 죽고 만 사건 때문에 전봉준도 조병갑이라면 치를 떨었거든. 그는 누구보다도 농민들의 마음을 이해하고 있었지. 전봉준은 썩은 관리를 몰아내어 조선 사회를 개혁하고 싶었어. 전봉준과 농민들은 고부 관아로 쳐들어가 세금 장부를 불사르고, 물세로 거둔 쌀을 원래의 주인과 가난한 농민들에게 나누어 주었어. 그리고 말썽 많은 만석보로 가서 새로 쌓은 둑을 허물어 버렸지.

그러자 서울에서는 고부 봉기를 일으킨 원인을 조사하러 조사관 이용태를 보냈어. 그런데 이용태는 고부 농민들을 혹독하게 다루고 죽여서 농민들 마음에 더욱 불을 질렀지. 숨어서 이 소식을 들은 전봉준은 동학 접주들에게 함께 행동하자고 연락했어. 1만에 이르는 농민들이 고부 백산으로 모였지. 이 노래를 부르면서 말이야.

가보세 가보세

을미적 을미적

병신되면 못 간다

백산에 모인 사람이 어찌나 많던지, '일어서면 백산 앉으면 죽산'이라는 말이 돌았을 정도야. 흰 옷 입은 농민들이 일어서면 산은 온통 하얘졌으며, 앉으면 들고 있던 죽창 때문에 대나무 숲으로 보였다는 뜻이야. 전봉준은 동도대장으로 추대되었어.

"청나라 군대를 물리치자!"

"일본 군대를 물리치자!"

백산에 모인 농민군은 남의 땅에 들어와 활개 치는 외국 군대를 물리치자고 외쳤어. 나라에서는 홍계훈에게 관군을 끌고 가 농민군을 진압하라고 명령했어. 농민군은 홍계훈의 관군과 황토현에서 맞붙었어. 그러나 관군은

사기가 오른 농민군을 무찌를 수 없었지. 농민군은 내친 김에 부안·정읍·고창·무장 등을 차지했어. 전라도 일대가 농민군의 손에 들어간 거야. 농민군의 사기는 하늘을 찌르고도 남았지. 농민군은 '집강소'를 설치하고 자율적으로 고을을 다스려 나갔어. 그리고 농민군이 바라던 개혁도 실시하였지.

청·일 양국이 우리 땅에서 전쟁하다 — 청·일 전쟁

지도자 전봉준은 글을 통해 농민군이 나아갈 방향을 선언했어.

"우리가 의를 들어 일어나는 것은 백성을 도탄에서 건지고 국가를 반석 위에 두고자 함이다. 안으로는 썩어 빠진 관리의 머리를 베고 밖으로는 횡포한 외적을 물리칠 것이다. 우리와 뜻을 같이하는 자는 주저하지 말고 즉시 일어서라."

전봉준에게는 김개남, 손화중 같은 든든한 동지들이 있었어. 모두 농민군을 이끈 지도자들이야. 동학 지도자들은 약탈 따위를 저지르지 못하도록 농민군 행동 강령을 만들었어.

"항복한 자는 잘 대접하고 간악하고 교활한 짓은 뿌리 뽑는다. 어려운 자는 구제하고 가난한 자에게는 베풀어 준다. 도망가는 자는 뒤쫓지 않는다. 병든 자에게는 약을 준다."

한편 동학 농민군의 기세에 깜짝 놀란 민 씨 일파는 위안스카이에게 군사를 요청했어. 어서 빨리 농민군을 박살내 달라고 부탁했지. 그런데 이 사실을 안 일본도 군대를 보냈어. 조선에 있는 일본 사람을 보호한다는 구실이었지. 청나라 군대 1,500명이 아산만에, 일본군 6,000명이 인천에 속속 도착했어.

전주에서 이 소식을 들은 전봉준과 농민군은 매우 놀라고 괴로웠어. 농민군의 봉기는 썩은 관리를 몰아내자는 것인데 외국 군대가 들어오는 구실이 되고 말았으니까. 전봉준은 서둘러 조선 정부와 화해해야겠다고 생각했어. 나라에서도 농민군이 원하는 개혁안을 받아들였으므로 '전주 화약'이 맺어졌어. 화약이란 서로 간에 전쟁을 멈추고 평화를 유지하자는 약속이야. 농민군은 약속대로 뿔뿔이 흩어져 각자 집으로 갔지.

그러나 청나라군과 일본군은 그대로 조선에 눌러 앉았어. 조선 정부가 청·일 양국에 군대를 철수하라고 요청했지만 말을 듣지 않았지.

일본은 오히려 정부를 압박하여 청나라와의 국교를 단절시켰어. 그리고 아산만 앞바다에 있던 청나라군을 공격했단다. 우리 땅에서 외국 세력들 간에 전쟁이 붙은 거야.

하지만 부패한 청나라 군대는 오랜 시간 전쟁을 준비한 일본을 이길 수 없었어. 패배한 청나라는 막대한 배상금과 영토의 일부를 일본에 넘겨야 했지. 기세등등해진 일본은 조선을 향한 침략 야욕을 한층 짙게 드러냈단다.

● 농민군의 자치 조직 집강소

전주 화약이 맺어진 뒤 동학교도와 농민들은 전라도 53개 고을에 집강소를 설치했어. 집강소는 지방의 치안과 행정을 맡는 자치 조직이었지. 집강소에는 우두머리 '집강' 아래에 서기와 집사 같은 임원이 있었어. 이들 임원은 전봉준의 지휘를 받았어. 전봉준은 지휘 본부인 대도소에서 정치 개혁을 발표했지. 고을 수령들의 농민 수탈을 금지하고, 신분 차별을 없애며, 토지를 골고루 나누어 주겠다는 약속이 들어 있었어. 집강소는 동학 농민 운동이 실패하면서 없어졌으나, 이때 한 약속의 일부는 갑오개혁 때에 실현되었지.

외세를 물리치자 - 농민군의 2차 봉기

일본이 우리나라를 틀어쥐자 농민들은 비통한 마음을 누를 수가 없었어.

"왜놈들이 임금님이 계신 곳을 총칼로 짓밟다니!"

"일본 놈을 때려눕혀 나라를 구하자!"

농민들은 다시 낫과 죽창을 잡았지. 농민군이 두 번째로 일어났다고 해서 2차 봉기라고 해. 이때가 1894년 9월이야. 동학의 지도자는 농민군을 이끌고 서울로 올라가기로 했어. 남접의 농민군 12만은 녹두장군 전봉준이 이끌었고, 북접의 농민군 10만은 손병희가 이끌었단다. 그러나 청나라 군대를 무찔러 살기등등한 일본군이 가만히 있을 리가 없었지. 그들은 북상하는 농민군을 도중에서 박살내겠다며 조선 관군을 앞장세우고 남쪽으로 내려왔어.

동학 농민군과 일본군은 충청도 북쪽에서 맞닥뜨렸어. 목천 세상산에서 첫 전투가 시작되었지. 오늘날의 독립기념관이 있는 부근이야. 일본군은 험한 바위 사이에 숨어서 농민군에게 집중 사격을 퍼부었어. 농민군은 큰 피해를 입고 공주로 물러났어.

농민군은 전선을 정비하여 총공세를 준비하였지. 겨울이 시작되는 11월 주력 농민군이 공주의 남쪽 관문인 우금치에 집결했어. 20여 일간 대치하며 밀고 밀리는 처절한 혈투가 7일 동안 벌어졌지. 그러나 일본군 2천 명과 관군 5천여 명의 연합군은 호락호락하지 않았어.

"고작 2천인 왜놈들이 이리도 강하단 말인가?"

농민군은 사력을 다했지만, 허망하게 밀렸어. 무기라야 창과 칼이 대부분이고, 화약 무기도 낡아빠진 화승총이 고작이었으니, 어떻게 대포와 기관총으로 무장하고 있던 일본군을 이길 수 있었겠어. 게다가 군사 훈련 한 번 받은 적이 없는데, 전쟁만 전문으로 익힌 일본군의 상대가 되겠어? 일본군이 대포와 기관총을 쾅쾅 쏘아댈 때마다 농민군의 시체가 산을 이루었지.

농민군은 전면전으로는 승산이 없다는 것을 알았어. 이미 손화중, 최경선 등이 줄줄이 잡히거나 죽임을 당한데다, 대부대였던 농민군도 모두 도망하여 5백 명도 채 남지 않았으니까. 전봉준을 비롯한 남은 지도자들은 훗날 다시 일어서기로 하고 전라도 금구에서 흩어졌어. 그러자 일본군은 자기네 쪽에 붙은 민보군과 관군을 앞장세워 농가에 숨은 농민들을 잡아들이고 마구잡이로 죽였어.

민보군
양반 위주로 짜인 지역 방위군

전봉준은 몇 명의 부하만 거느리고 험준한 입암산성에 올랐어. 거기서 북상하여 서울로 잠입할까 잠시 생각했지. 서울에 숨어 있어야 정보를 얻기가 쉬웠고 다시 일어서기가 나았거든. 그렇지만 잡힐 우려가 있어 남쪽으로 가기로 했어. 전봉준은 진눈깨비가 날리는 장성 갈재를 넘어 순창 산골짜기에 숨어들었어. 거기서 그는 옛 부하를 만나 주막에 들어갔다가, 그의 밀고로 붙잡히게 돼. 전봉준의 몸에는 고을 원님 자리와 천 냥의 포상 상금이 걸려 있었거든. 조선 정부는 서울로 압송하는 도중에 농민군의 습

격이 있을까 봐 일본군에게 전봉준의 호송을 맡겼어.

동지 섣달 추운 겨울날 전봉준은 서울로 압송되었지.

녹두야 녹두야 전녹두야.
그 많은 군사 어디에 두고
서울 군사에게 잡혀 가느냐.

서울로 압송된 전봉준은 우리나라 감옥이 아니라, 일본의 영사관 지하실에 갇혔어. 일본은 자기들이 직접 심문하여 전봉준의 주변 관계를 모조리 알아내고 싶었어. 특히 그들은 전봉준이 대원군과 은밀히 끈이 닿았을 거라 의심하고서 그걸 파헤치려 했어. 다시는 농민군이 일어서지 못하도록 주변의 인물들을 말끔히 도려내고 싶었던 거야. 그래서 부당하게 자기네

호송되는 전봉준의 모습

철창에 전봉준을 가두고, 농민군 지도부의 모든 것을 캐들어 갔지. 조선의 고관들은 우리나라 사람의 재판권마저 일본에 넘긴 채, 그저 농민군이 서울로 들어와 전봉준을 옥에서 꺼내가지나 않을까 전전긍긍할 뿐이었어.

일본 공사는 자기네 철장에 갇힌 전봉준을 시험했어.

"살려 달라고 빌어라. 뭐든지 들어주겠다."

전봉준은 애걸하는 대신 '카악' 침을 뱉었지.

"너는 나의 적이요, 나는 너의 적이다. 내가 너희를 쳐 없애고 나라를 바로 잡으려다 너희 손에 잡혔다. 너희는 나를 죽일 뿐 다른 말을 묻지 말라. 죽을지언정 적인 너희 법을 인정치 않으리라."

그리고 입을 꾹 다물어 버렸어.

이듬해 1895년 3월, 전봉준은 서둘러 처형되었어. 41살의 젊은 나이였지. 이리하여 동학 운동은 실패로 돌아갔어. 갑신정변에 이어 동학 운동마저 좌절로 끝난 거야. 이게 어찌 김옥균이나 전봉준 당사자만의 비극이었겠니. 이제 조선은 식민지가 될 운명을 피할 수 없게 된 거야. 녹두 장군이라 불리던 전봉준이 비운에 간 뒤, 조선 들녘에는 그의 죽음을 슬퍼하는 노래가 퍼졌어.

새야 새야 파랑새야 녹두밭에 앉지 말라.
녹두꽃이 떨어지면 청포 장수 울고 간다.

갑오개혁의 추진과 속사정

1894년 봄, 사태는 숨가쁘게 돌아갔어. 분노한 농민들이 왜놈들을 몰아내자고 일어서자 민 씨 정권은 청나라의 눈치만 보며 안절부절못했지. 그러자 일본은 이대로 가면 조선을 잃게 된다고 판단했어. 그들은 경복궁에 침입하여 청나라에 붙은 민 씨 정권을 무너뜨렸지. 이어서 그들은 아산 앞바다에서 청나라의 군함을 기습하여 전쟁을 도발했지 뭐야. 청·일 전쟁이 시작된 거야. 청나라 세력을 무력으로 몰아낸 뒤 조선을 독차지하려는 속셈이었어.

전쟁이 열기를 더해 가자 일본은 앞으로의 일이 염려되었지. 이 전쟁에 이기기 위해서는 조선을 내 편으로 만들어 둘 필요가 있었어. 일본이 제일 두려워한 것은 조선의 왕이나 청나라가 아니라 농민들이었거든. 당시 조선의 농민들은 일본 상인들의 경제 침탈로 고통에 빠져 있었고, 일본의 군사 행동에 대해서 강렬한 적개심을 품고 있었어. 만약 농민들이 세를 모아 자주적인 정권을 세운다면, 일본이 이번 전쟁에서 이긴다 해도 나중에 조선을 다루는 일이 호락호락하지 않을 터였어. 우선은 선량한 이웃으로 보이기 위한 술수가 필요했지. 그들은 친일적인 김홍집을 세워 내각을 주도하게 하고, 조선의 내정을 개혁하도록 주문했단다. 청나라 세력이 조선 안에서 힘을 뻗기 전에 먼저 자기들이 선수를 치겠다는 생각이었지.

여름이 되자, 김홍집 내각은 군국기무처를 설치하고 국정 전반에 걸친 개혁안을 선포했어. 군국기무처는 그해 연말까지 5개월 동안 무려 208건의 개혁안을 의결했지. 그 가운데는 청나라와 주종 관계를 청산하고, 개국 연호를 사용한다는 것도 있었어. 조선에서 청나라의 영향력을 말끔히 쓸어내겠다는 의지의 표현이었지. 가장 열렬한 환영을 받은 개혁안은 신분

청·일 전쟁 때 제물포에 상륙하는 일본군

제도의 폐지였어. 양반과 평민의 차별을 금하고, 백정과 광대 등의 천민 신분을 없애며, 과부가 재혼하는 것을 허용한다는 내용이었지. 아울러 쌀과 베로 내던 세금을 돈으로 내게 했고, 과거 제도를 없앴지. 이런 개혁 조치는 백성들이 오래도록 염원하던 거였어.

하지만 갑오개혁은 이런 몇몇 조항을 제외하고는 백성들의 큰 호응을 얻지 못했어. 일본이 뒤에서 개혁 방향을 이래라저래라 조종하고 있었기 때문이야. 일본은 국왕의 권한을 줄이고 내각의 권한을 키웠고, 일본에 냉담한 국왕의 힘을 약하게 만들기 위해 궁내부를 국왕에게서 떼어냈어. 또 무엇보다 시급한 군사 제도의 개혁이나 국방력 강화는 뒤로 미루고, 일본의 경제 침투에 필요한 은본위제나 도량형의 통일을 슬쩍 끼워 넣었지. 말하자면 진짜 알맹이가 빠진 채 일본의 입맛에 맞는 개혁 정책들이 주를 이루었던 거야.

이런 작업을 위해 막후에서 일본 공사 이노우에가 움직이고 있었어. 일

은본위제
일정량의 은을 화폐 단위로 하는 제도

도량형
길이, 부피, 무게 따위의 단위를 재는 법

본에 망명하여 있던 박영효와 서광범이 돌아와 김홍집을 도왔고 말이야. 그래서 사람들은 김홍집 내각을 친일 정권이라 불렀어. 몇몇 의미 있는 개혁 조치가 이루어졌는데도 사람들이 시큰둥했던 것은 뒤에서 친일파들이 움직이는 게 보였기 때문이야. 농민 전쟁이 한창인 때라 온 나라 사람들의 이목이 일본의 움직임에 쏠려 있는데 어떻게 눈속임할 수 있겠어.

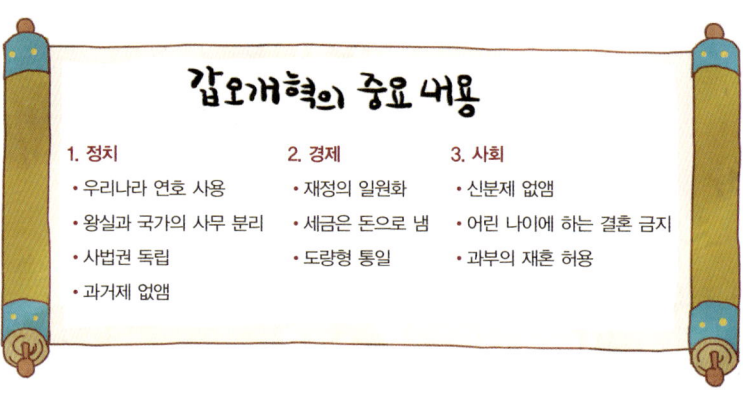

● 홍범 14조

청·일 전쟁이 끝나고 동학 운동이 마무리된 1895년 1월, 고종은 종묘에 나아가 개혁을 추진하기로 서약하고 홍범 14조를 발표하였어. 홍범이란 국가 운영의 기틀이 되는 시정 지침이자 일종의 헌법이야. 주요 내용을 한번 볼까?

- 청나라에 의지하려는 마음을 버리고 자주 독립의 기초를 세운다.
- 대원군은 정전에 나가 정사를 보되 정무는 각 대신들에게 물어서 결재한다.
- 백성에게 부담을 지우는 세금은 모두 법령에 따라야 하며, 멋대로 명목을 붙이거나 함부로 거두지 못한다.
- 조세를 거두고 나누는 것은 모두 탁지아문에서 한다.
- 사람을 씀에 있어 문벌과 지연에 구애되지 않고, 두루 인재를 등용한다.

홍범 14조는 김홍집 내각이 추진한 모든 개혁의 골자를 모은 것이었지. 각각의 조목에서 조선이 근대 국가로 나아가려는 다짐을 하고 있어. 골격을 짜는 데는 김홍집과 박영효 같은 친일 인사들이 앞장 서고, 뒤에서는 일본 공사 이노우에와 같은 일본인이 움직였어. 청나라를 배제하는 조목이나 대원군의 권한을 부정한 조목에서, 일본의 입김이 물씬 풍기지. 이것을 알아챈 민심은 일본인들의 저의를 경계하기 시작했어.

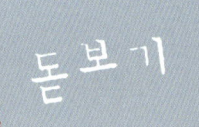

갑신정변의 주역 김옥균

김옥균(1851~1894)은 조선 말의 풍운아야. 개화파의 우두머리이자, 수구파를 무력으로 처단한 갑신정변의 주역이기도 하지.

김옥균은 당대의 명문 안동 김 씨 출신이야. 22살 나던 해 문과에 장원 급제한 뒤 박규수의 사랑에 드나들며 개화사상에 빠져들었어. 1882년 김옥균은 일본에 건너갔어. 이때 일본은 메이지 유신이 진행되고 있었단다. 김옥균은 일본의 여러 정치가들과 사귀게 되는데, 그중 일본의 대표적인 계몽사상가 후쿠자와 유키치라는 인물도 있었어. 그는 일본과 아시아가 하루빨리 야만 상태에서 벗어나 서양과 같은 문명국이 되어야 한다고 주장했던 사람이란다.

귀국 후 김옥균은 조선을 근대화하려고 시도했어. 하지만 자금이 없는데다 왕비인 민 씨측과 청나라의 방해로 개화 정책을 추진하기가 어려웠지. 1884년, 김옥균은 급진적인 개혁을 추진하기로 마음을 굳혔어. 그래서 우정국 잔치에서 개화에 반대하는 대신들을 죽이고 정권을 장악했지. 이때 '혁신정강'을 공포했는데, 청나라와 주종 관계를 청산하고 근대 국가를 세우겠다는 내용이었어. 아울러 농·상·공업을 일으켜서 자본주의 제도를 세우고, 문벌·신분제를 없애고, 만민평등을 이루겠다고 선언했지. 국왕도 이를 지지했지만, 청나라가 민 씨 일파를 업고 무력 진압을 하면서, 갑신정변은 '3일 천하'로 끝나고 말았어.

김옥균은 일본으로 도망갔어. 일본은 김옥균을 태평양의 외딴 섬 오가사와라로 쫓아냈다가 삿포로로 빼돌린 뒤, 5년 뒤에야 도쿄로 돌아오게 했어. 김옥균은 일본에 심한 배신감을 느꼈어. 그는 망명 생활 10년 만인 1894년, 청나라의 실권자 이홍장과 담판을 벌일 생각으로 상하이로 건너갔지만 그를 기다린 것은 이홍장이 아니라 자객 홍종우였어. 죽은 김옥균은 배에 실려 돌아와 양화진에서 능지처참되었단다.

김옥균

　김옥균의 정변이 실패한 원인은 무엇이었을까? 우선 그를 밀어줄 상공인 계층의 세력이 크지 못했던 것이 한 가지 원인이라고 할 수 있어. 조선은 '사농공상'이라 하여 장인과 상인을 낮게 보았거든. 자연히 상공업 발달이 더뎠고, 상공인 계층의 세력도 약했어. 둘째로, 개혁 방향이 지주의 입장에서 추진되어, 농민 다수의 지지를 끌어내지 못했던 점을 들 수 있어. 게다가 농민들은 일본에 대한 감정이 좋지 않았기 때문에 일본과 손을 잡고 일을 벌인 김옥균을 신뢰하지 않았어. 또한 일본은 김옥균을 이용할 생각이었을 뿐 정말로 조선의 개화를 도울 생각은 없었는데, 김옥균이 그걸 꿰뚫어 보지 못하고 외세에 의지했던 것은 큰 잘못이었다고 할 수 있지.

돋보기

유길준이 본 서양

유길준(1856~1914)은 우리나라 사람 중 가장 먼저 유럽 여행을 한 사람일 거야. 26살인 1881년 봄에 신사유람단의 일원으로 일본에 건너가서, 서양을 배워 문명국이 되자고 주장하는 후쿠자와 유키치와 사귀었지. 1년 뒤에 미국과 수호 조약이 맺어지자, 전권대사인 민영익을 따라 미국에 건너가 유학 생활을 시작했어.

그로부터 2년 뒤, 유길준은 유럽을 돌면서 각국의 문물 제도를 살폈어. 1890년, 그는 자기가 보고 들은 바를 적어 고종에게 올렸는데, 이것이 《서유견문》이야. 이 책은

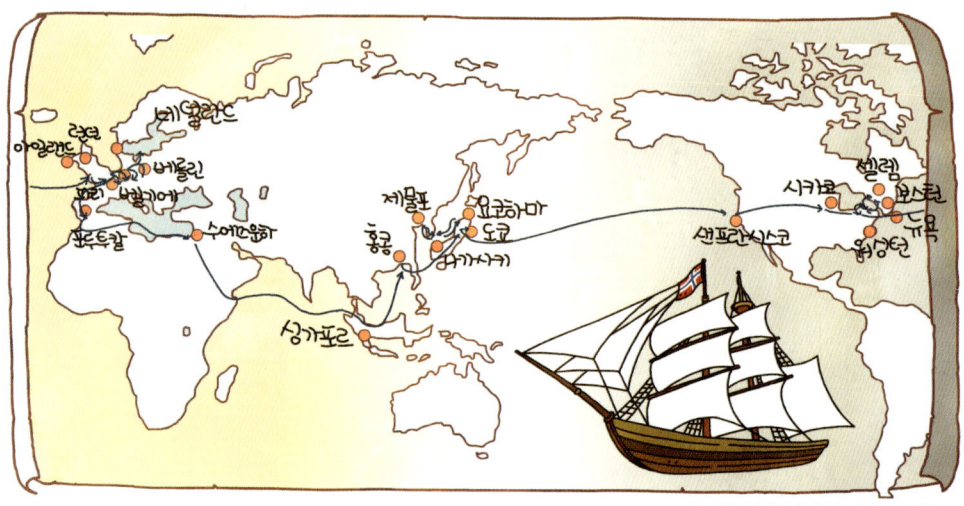

유길준이 둘러본 나라와 도시들

서양의 정치와 경제 제도, 과학과 기술에 대해 자세하게 기술하고 있어. 서양 문물에 대한 경탄과 서양을 일찍 배워 문명 대국으로 나아가는 일본을 부러워하는 마음도 나타나 있지.

다음은 산업 혁명을 이끈 증기 기관에 대한 부분이란다.

"예전 서양에서는 물건을 만들 때에 우리나라와 마찬가지로 다 사람의 근력을 썼다. 그러나 100년 전 영국인 와트가 증기 기관을 만들어 냈고, 그 뒤 과학자들이 줄을 이어 그 장치를 개선하였다. 이리하여 증기가 산업 각 부문에 널리 쓰이고 있다. 강을 뚫고 개천을 파고, 광산에서 구리와 쇠를 캐내고, 나무를 베고 켜며, 베와 비단을 짜고, 종이를 만들고 염색하고, 글씨와 그림을 인쇄하고, 사탕을 만들고, 보릿가루를 빻고, 기차와 기선을 움직이는 온갖 일에 증기가 쓰이고 있다. 일하는 사람은 기계를 부리기에 주의할 뿐 힘을 별로 들이지 않는다. 한 사람의 힘으로 수백 수천 명이 할 일을 다 한다. 증기 기관이 세상에 나온 뒤 세상의 일하는 법과 무역하는 습속이 바뀌었다."

유길준이 보기에 증기 기관은 과학 기술의 상징이자 산업 혁명의 원동력이었어. 영국은 이 덕분에 세계의 공장이 될 수 있었고 수출을 통해 부를 거머쥘 수 있었지. 그는 서양의 발전상을 보면서 어떻게 그것이 가능한가에 대해 의문을 품었어. 그래서 증기 기관 부분에서는 원리를 자세히 소개하고 있을 뿐만 아니라, 이것을 만들어낸

와트의 일대기까지 덧붙이고 있지.
 또 유길준은 교육 방면에 있어서도 많은 관심을 나타냈어.

"인간의 근본을 생각해 보면 어린아이를 키우는 것보다 더 중요한 일은 없다. 어린아이는 나라의 근본이고, 여자는 어린아이의 근본이니, 여자가 교육을 제대로 받지 않으면 아이를 제대로 기를 수가 없다.
 아이는 잠을 자거나 똥오줌을 눌 때도 일정한 시간에 하도록 해야 한다. 음식은 언제나 어른을 모시고 함께 들도록 한다. 먼저 먹는 것을 허락하지 말며, 식탁에서 먼저 일어나는 것도 금한다. 나이프, 포크, 스푼 잡는 법을 단정히 익히고, 국이나 차를 마시거나 고기나 과일을 씹을 때 더러운 소리를 내지 않도록 가르친다. 어릴 때 교양을 익히지 않으면 나중에 배우기가 어렵다.
 우리나라의 많은 어린이들은 교육을 제대로 받지 못해서 이름조차 쓰지 못한다. 게다가 영양 섭취가 나빠 어려서 죽는 경우가 많다. 어린아이의 병 가운데서 천연두가 가장 참혹한데 다 나아도 얼굴에 얽은 자국이 남는다."

서유견문

유길준은 제도가 제대로 갖추어져야 어린이도 건강하게 자랄 수 있다고 말하고 있어. 서양의 문물을 직접 체험한 그는 어서 부강한 나라를 만들고 싶다는 열망에 가득 차 있었던 거야.

과거에서 온 편지

나라를 바꾸자!

'3일 천하'

갑신정변으로 세워진 정권이 3일 만에 뒤바뀌면서 사람들이 하는 말이야. 야심찬 개혁의 고삐는 끊어졌지. 일본의 힘을 빌려 개혁을 해 보려고 했던 한계였나 봐.

농민들은 전봉준을 우두머리로 세우고 동학 농민 운동을 시작했어. 저기 산을 새하얗게 덮은 흰 옷 입은 농민들이 보이지? 우와, 정말 기세가 대단하다.

이들을 진압하기 위해 청나라 군대가 들어오고, 덩달아 일본 군대도 조선으로 들어왔지 뭐야.

어휴, 자기 나라 백성을 물리치려고 외국 군대에게 땅을 내어 주더니 결국 두 나라가 전쟁을 하잖아? 일본이 조선을 좌지우지하고, 그 피해는 고스란히 백성들이 떠안았어.

의병, 만민 공동회, 그리고 대한 제국

일본이 청·일 전쟁에서 승리하자
왕비 민 씨 세력은 러시아와 손을 잡았어.
친러파가 득세할까 봐 두려웠던 일본은 부랑배를 시켜 왕비를 죽였어.
일본의 야만적인 행위에 분노한 유생 의병장들이 일어섰지.
한편 국왕 고종은 궁궐조차 안심할 수 없었어.
일본인들에게 독살당할까 봐 러시아 공사관으로 피신했지.
사람들은 나라의 주권을 되찾기 위해 싸우고,
열강의 이권 침탈을 세상에 폭로했어.
독립 협회와 만민 공동회는 계몽 운동을 열심히 추진하였지.
이와 함께 고종은 대한 제국을 선포하고, 새로운 출발을 다짐했어.
열강에 둘러싸인 대한 제국은 과연 순항할 수 있었을까?

| 주요 사항 | 시대 |

을미사변 1895년

아관파천 1896년

독립 신문 발간, 독립 협회 설립 1896년

제1회 올림픽 대회 1896년

대한 제국 성립 1897년

청, 무술 개혁 1898년

헤이그 만국 평화 회의 1899년

청, 의화단 운동 1899년

조선

가 보자, 여기
독립문

서울 무악재를 넘어가다 보면 왼쪽에 눈에 띄는 기념물이 보여.
독립문은 1896년 독립 협회가 주축이 되어 세웠어.
원래 이 자리에는 옛날 청나라 사신을 맞이하는 영은문이 있었는데,
그것을 헐고 대신 독립문을 세운 거야.
사대주의를 청산하고 자주 독립의 길을 가겠다고 선포하는 건축물이지.
서재필이 프랑스의 개선문을 본 따 스케치하고
수많은 사람이 성금을 내어 완성했어.
지금 독립문이 있는 일대는 독립 공원으로 조성되어 있지.

열강 사이에서
흔들리는 나라

일본에서 러시아로 기운 조선 정부

일본은 조선을 식민지로 만들 준비를 차근차근 진행했어. 경쟁자인 청나라를 조선에서 쫓아냈으니 기세가 등등했지. 일본은 김홍집 내각을 세워 조선의 정치에 사사건건 간섭했어. 민 씨 일파는 일본에게 권력이 밀리자 다른 방법을 찾아야만 했지.

그런데 일본이 청·일 전쟁에서 이겨 청나라의 요동반도까지 차지하자, 이것을 못마땅하게 여긴 나라가 있었어. 바로 러시아야. 러시아는 프랑스와 영국을 움직여 일본에게 요구했어.

"일본 정부는 요동반도를 원래 주인인 청나라에게 돌려주시오."

일본은 돌려주기 싫었지만 힘센 러시아의 말을 순순히 따라야 했어. 러시아가 프랑스와 영국과 힘을 합쳐 겁주었기 때문이야. 러시아, 프랑스, 영국은 강대국으로 일찍이 세계에서 힘을 떨치고 있었거든. 이 사건을 '삼국간섭'이라고 해.

고종은 일본의 간섭을 물리치려면 러시아가 필요하다고 생각했어. 그래서 고종과 명성 황후는 러시아를 이용하려는 정책을 펴기 시작했지. 나라에서는 일본과 친한 친일파 박영효를 몰아내고, 친러파 이완용·이범진을 고종 가까이에 두었어.

조선에 와 있던 일본의 미우라 공사는 크게 당황했지. 잘못하다간 조선을 러시아에 빼앗기게 생겼거든. 미우라는 이노우에가 물러나고 새로 온 일본 공사야. 처음에는 정치에 무관심한 척하며 고종과 명성 황후를 안심시켰지만, 실제로는 성질이 거칠고 잔인했지.

"조선이 러시아로 기운 것은 여우 같은 명성 황후 탓이야. 그 여자를 죽여 없애야겠어."

조선 왕비를 죽여라, 을미사변

일본 공사 미우라는 치밀하게 작전을 꾸몄어. 작전의 이름은 '여우 사냥'이야. 여우는 명성 황후를 가리키지. 1895년 10월 8일 새벽, 일본 부랑

명성 황후가 변을 당한 자리

배들은 군대를 끌고 경복궁으로 들이닥쳤어. 일본 폭도들은 국왕의 침실인 곤녕전의 문을 부수고 고종의 잠자리로 쳐들어갔어. 꼭두새벽이라 고종과 세자는 속옷 차림으로 이들을 맞았어. 폭도들은 천장에 권총을 쏘며 고종과 세자를 구석으로 몰았어.

"여우가 있는 곳을 대라!"

고종은 명성 황후가 있는 건청궁 옥호루 대신 반대편 방향을 가리켰어. 하지만 그들은 곧 명성 황후가 있는 곳을 알아내어 쳐들어갔지. 궁녀들이 이 소란을 눈치채고 명성 황후가 있는 침실로 몰려갔어. 울부짖는 궁녀들의 머리채를 잡고 칼날을 가슴에 들이대며 협박했어. 궁녀들이 명성 황후의 볼 위에 한 점 얽은 자국이 있다고 하자, 폭도들은 궁녀들에게 일일이 확인시켰어. 명성 황후가 틀림없다는 것을 확인하자, 폭도들은 명성 황후를 무참히 살해했지.

"이 시체를 홑이불로 감아 녹원 숲 속으로 들고 가라."

녹원 숲은 바로 옥호루에 있는 숲이야. 폭도들은 시체에 석유를 뿌려 불태워 버렸어. 타고 남은 재는 증거를 완전히 없애려고 연못에 뿌렸지. 다른 시체들도 밖으로 실어 가서 처리했어. 그리고 유유히 궁궐을 빠져 나갔어. 그들을 막을 조선 군사는 궁궐에 없었지. 훈련대장 홍계훈과 군사들이 이미 죽은 뒤였거든. 이 일을 '을미사변'이라고 불러.

당시 시해된 명성 황후는 왕비 민 씨를 말하는 거야. 일본에 의해 죽임을 당한 뒤 대한 제국이 수립되면서 '명성 황후'라는 시호를 받았지.

일본은 명성 황후를 자기네들이 죽이지 않았다고 발뺌을 했어. 하지만 고종뿐만 아니라 러시아인 사바틴, 미국인 다이 등 목격한 사람이 많아 결국 사

실이 밝혀졌어. 할 수 없이 일본은 미우라 공사와 살해에 가담한 자들을 일본으로 불러 들여 재판을 열었어. 하지만 일본은 증거가 충분하지 않다면서 그들을 모두 석방해 버렸단다. 오히려 일본의 압력에 떠밀린 고종은 이주회·윤석우를 범인으로 몰아 사형시켜야 했지.

상투를 자르려거든 차라리 내 목을 쳐라

한편 명성 황후의 죽음이 온 나라에 전해지자 전국은 벌집을 쑤신 듯이 들끓었어. 반일 감정은 나날이 높아졌지. 이와 더불어 단발령이 발표되었어.

"모든 남자는 상투를 자르고 단발을 하라."

단발한 고종

남자가 성인이 되면 상투를 트는 것이 수천 년을 내려온 우리의 오랜 관습이었어. 상투란 긴 머리를 머리 위로 틀어 올려서 묶는 거지. 관습을 버리고 하루아침에 새것을 따르는 것은 쉬운 일이 아니야. 게다가 강요에 의해서 할 수 있는 것은 더욱 아니지. 하지만 고종은 일본 공사와 친일 내각의 압력에 못 이겨 머리카락을 자를 수밖에 없었어. 한 나라의 왕이 본보기를 보이면 백성들이 따를 것이라고 생각했기 때문이지.

"짐도 단발을 하였다. 백성들도 짐의 뜻을 따라 단발을 하라."

고종은 이렇게 명령했어.

경찰들은 큰길을 지키고 있다가 상투 튼 남자를 만

나면 강제로 싹둑 잘랐어. 단발령에 반대하는 사람들이 점점 늘어났어. 유생 대표 최익현이 단발령에 반대하는 상소문을 올렸지.

"내 목은 자를 수 있어도 머리털은 자를 수 없다."

머리카락 자르는 게 그렇게 큰일이냐고? 당시 조선 사람들은 신체와 머리칼은 부모님이 물려준 거라 함부로 해를 입히거나, 자를 수 없다고 생각했거든. 그게 효도의 시작이라고 여겼지. 아무리 그래도 한 움큼도 안 되는 머리카락이 목숨보다 더 중요했냐고? 단순히 그것 때문만은 아니야. 단발령에는 수천 년 내려온 우리 문화를 없애려는 일본의 속셈이 깔려 있었단다. 명성 황후가 죽임을 당해 일본에 대한 적개심이 거세진 상황에 단발령까지 내렸으니, 불에 기름을 부은 꼴이었지.

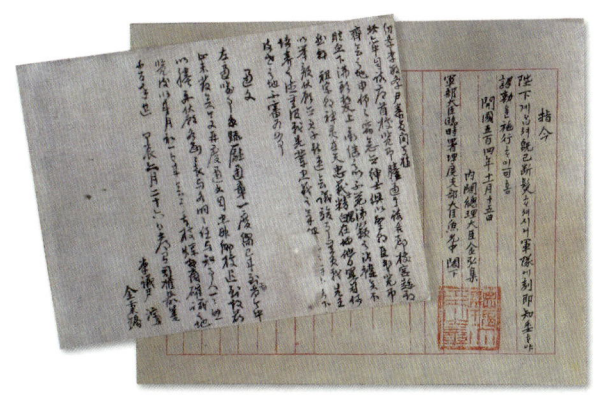

단발에 반대하는 통문 ⓒ독립기념관

신체발부 – 몸, 머리카락, 살갗

국모의 원수를 갚자, 을미의병

더 이상 참을 수 없던 백성들은 무기를 들고 일어섰어. 참고 참았던 분노가 단발령을 계기로 폭발한 거야.

"국모의 원수를 갚고 신체를 보존하자!"라고 쓰인 깃발을 앞세운 의병이 여기저기서 일어났어. 국모란 명성 황후를 말해. '신체를 보존하자.' 는 것은 신체의 부분인 머리카락을 절대 자르지 않겠다는 뜻이야. 나아가 의병들은 임진왜란 때 의병을 일으켜 왜군을 물리친 전통을 이어받자고 외쳤지. 일본을 몰아내고 조국을 지키자고 말이야.

"국모를 죽인 너희를 절대로 용서치 못한다. 단발령을 반대하며 침략자인 일본과 친일 내각을 없애겠다!"

의병들은 격문을 통해 의병을 일으킨 목적을 분명히 밝혔어. 의병들은 단발한 관찰사와 군수를 죽이기도 하고, 일본의 군용 전선을 절단하고 전주를 파괴하기도 했어. 원산과 부산에서는 일본인이 사는 거류지를 공격하기도 했지. 1896년 초부터 5월까지 죽은 일본인이 43명, 다친 일본인이 19명이었어. 의병을 일으킨 지도자는 양반 출신의 유생들이었는데, 제천에서는 유인석, 춘천에서는 이소응, 이천·여주에서는 박준영 등이었어. 지도자를 따르는 병사들은 포수를 비롯해 동학 농민 전쟁에 참여했던 농민들이었단다.

특히 유인석을 따르겠다고 모여든 의병들은 4천여 명에 이르렀지. 기세가 높아진 유인석은 격문을 발표하여 나라를 구하자고 호소하였어.

유인석 의병장이 남긴 글씨 ⓒ독립기념관

"나라의 모든 관리들은 친일 행위를 멈추고 의병을 도와 나라를 지키라!"

유인석을 중심으로 한 연합군은 서울로 진격하자는 계획을 세웠어. 그러자 나라에서는 새로운 내각을 만들고 단발령 제도를 없앴으며, 의병에게 해산하라고 권고했어. 의병들은 일단 흩어졌지.

러시아 공사관에 엎혀사는 고종 – 아관파천

명성 황후 시해 사건과 단발령은 일본인과 친일 내각에 의해 저질러진 일이야. 게다가 궁궐 수비가 허술하여 고종도 명성 황후처럼 언제, 어떻게 죽을지 모를 일이었어. 고종은 일본군이 궁궐을 에워싸고 있는 한 제대로 잠을 이룰 수 없었지. 심지어 식사를 러시아와 미국 공사관에서 만들어 함에 넣어 열쇠를 채운 다음에야 가져오게 했다는구나. 고종은 일본이 음식

옛 러시아 공사관

에 독을 넣을까 봐 무척 걱정했거든.

　이런 상황에서 러시아 공사 베베르와 이범진은 고종에게 접근했어. 러시아는 러시아 해군 120명을 인천에 정박해 있는 군함에서 서울로 옮겨놓은 뒤였지.

　"궁궐이 위험하니 당분간 러시아 공사관으로 옮기십시오."

　고종은 왕세자와 함께 몰래 대궐을 벗어나 러시아 공사관으로 갔어. 이 일을 '아관파천'이라고 불러. 결국 고종은 아관파천을 통해 일본의 침략 행위에 반대한다는 것을 세상에 알린 거야. 서울에 와 있던 여러 나라 외교관들도 일본을 욕했어. 졸지에 일본이 힘을 잃자, 친일파로 찍힌 김홍집과 어윤중은 사람들이 던진 돌에 맞아 죽었고, 유길준 등은 일본으로 도망갔어.

우리나라의 이권을 야금야금 먹다

러시아 공사관으로 옮긴 고종은 나라를 잘 다스렸을까? 더부살이하는 국왕이 나라를 잘 다스리기는 당연히 어려웠지. 이번에는 러시아가 조선의 내정에 일일이 간섭하였어. 러시아는 고종을 보호하고 있다는 구실로 각종 이권을 요구하였어. 아관파천을 도운 미국도 많은 이권을 차지했지. 함경도 일대의 광산을 개발할 수 있는 권리와, 압록강과 울릉도의 나무를 베어 갈 수 있는 권리가 러시아에게 넘어갔어. 미국은 한양과 인천 사이에 철도를 놓는 일과 운산 지방에서 금을 캘 수 있는 광산 채굴권을 가져갔지. 예로부터 평안도의 운산 금광은 우리나라에서 금이 가장 많이 나는 곳이야. 미국인들은 40년 동안 총 900만 톤의 금광석을 캐서 총 5600만 달러의 수익을 올렸다는구나. 프랑스도 한양과 신의주를 잇는 철도 이권을 챙겨갔어. 강대국들의 수탈로 나라 경제는 휘청거렸지.

이렇게 외국 세력이 이권을 빼앗아가도 이를 막을 기관이나 감시할 힘이 없었어. 고종은 여러 강대국에 이권을 넘겨 준 대신 정치적인 도움을 입으려 했지만, 그것은 헛된 생각이었단다.

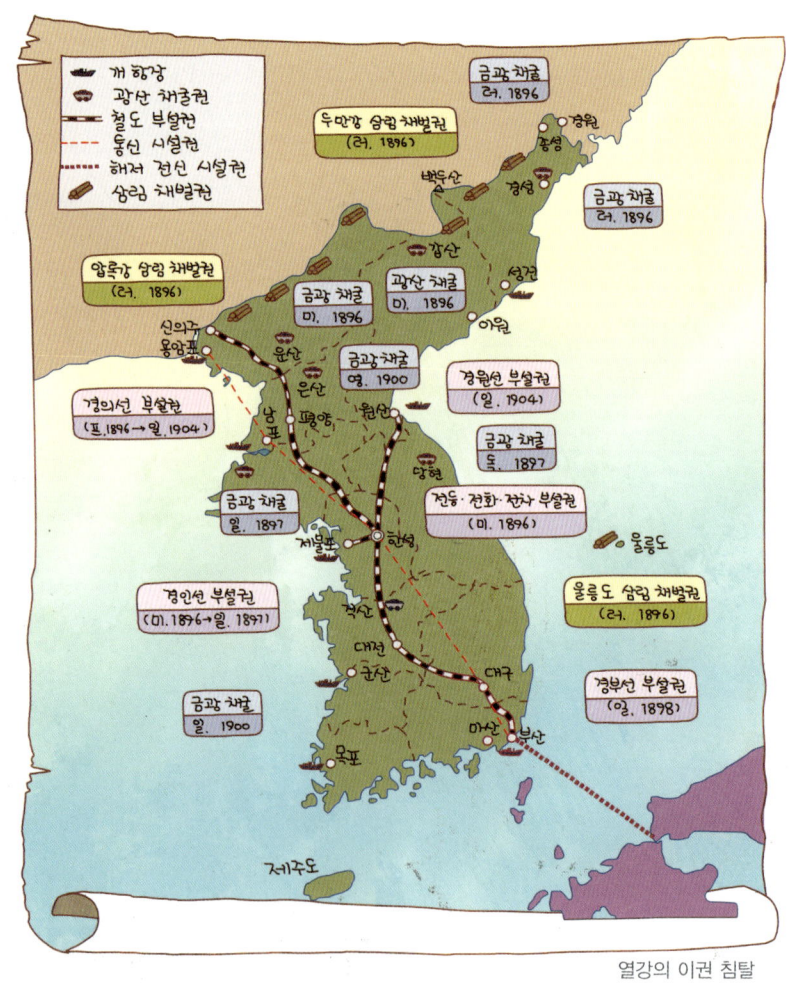

열강의 이권 침탈

독립 협회의 활동과 만민 공동회

우리나라의 이권을 여러 강대국에 빼앗기는 것에 반대하고, 나라의 주권을 세우자는 운동이 일어났어. 그 운동의 중심에는 '독립 협회'가 있었어. 독립 협회에는 갑신정변이 실패한 뒤 미국으로 달아난 서재필과 윤치호·이상재·남궁억 등의 개화파들이 참가하고 있었지. 신분이 높고 낮음에 구애 없이 모두 회원이 될 수 있었어. 유학자, 상인, 농민, 노동자 등도 회원으로 들어갔지.

독립 협회는 자주 독립·자유 민권·자강 개혁을 주장했어. 독립 협회는 먼저 외세의 간섭에서 벗어나 자주 독립을 하는 것이 첫째라고 했어. 그러려면 국민의 자유와 권리를 보장해야 한다고 했지. 이것이 두 번째 목표야. 마지막으로 개혁을 통해 나라를 부강하게 하는 자강 개혁이 세 번째 목표였단다.

또한 백성들에게 자주 독립 정신을 갖게 하기 위해 독립 협회는 〈독립신문〉을 발간하여 백성을 일깨우는 일에 나섰어. 사람들이 쉽게 읽을 수 있게 순 우리말로 기사를 썼고 독립관과 독립문을 세워 자주 독립의 의지를 담았어. 독립 협회는 서양 문물과 서구식 제도를 들여와 정치적·경제적으로 자주 독립 국가를 세우려고 했어. 이러한 생각은 프랑스 파리의 개선문을 본떠 지은 독립문에도 잘 나타나 있지.

서재필 ⓒ중앙일보

한편 독립 협회는 의회를 세워 정치 개혁을 하자고 주장했어. 중추원을 오늘날 국회와 비슷한 의회로 바꾸자고 하였고 조선을 서구식 자본주의 체제로 만들어 경제적 개혁을 이루자고 주장했어. 이를 위해 서양의 선진 기술을 받아들여 산업을 발전시켜야 한다고 주장했지. 그래야 나라 힘이 강해져서 식민지가 되는 것을 막고, 자주 독립 국가를 세울 수 있다고 생각하였어. 이 밖에 국민의 권리를 높이기 위해 '언론과 집회의 자유', '참정권'과 '국민 주권론'을 주장하였지.

독립 협회는 서울 종로에서 '만민 공동회'를 열었어. 만민 공동회에 참가한 사람들은 처음에는 지식인과 상인들이었지만 점차 학생·교사·종교인·하층민까지 다양한 계층의 사람들이 참여하였어. 신분의 높고 낮음에 관계없이 누구나 나라의 일을 의논하고 자신들의 생각을 자유롭게 주장 할 수 있었어. 최대 규모로 열린 만민 공동회는 1898년 10월이었어.

"정부에 건의문을 올려 나라의 정치를 바로잡고 외세를 물리쳐서 나라의 자주 독립을 이룹시다. 근대적인 조세·사법 제도를 들여오고, 국왕의 관리 임명권을 제한합시다."

만민 공동회는 정부에 '헌의 6조'라는 건의문을 올리기도 했어.

독립 협회의 활동에 대해 백성들은 크게 환영하였지만, 정부 대신들이나 러시아·일본 등에는 눈엣가시였지. 그들은 먼저 서재필을 미국으로 내쫓고, 황국 협회라는 단체를 만들었어. 대부분 전국에서 몰려온 떠돌이 장사꾼들로 구성되었지. 많은 뒷돈을 대 주면서 독립 협회와 충돌하게 만들었어. 두 단체의 싸움은 날이 갈수록 심해졌고 나라에서는 이를 구실로 독립 협회 간부를 체포하고 만민 공동회를 열지 못하게 했지.

비록 실패했지만 독립 협회와 만민 공동회 운동은 일반 백성들에게 자주

종로에서 열린 만민 공동회

독립 정신을 심어 주었어. 그리고 더 나아가 근대 민주주의 사상이 싹트게 하는 데 이바지하였단다.

● 헌의 6조 : 만민 공동회가 올린 6개 조항의 건의문

1. 외국인에게 의존하지 말고 관민이 힘을 합쳐 황제의 권한을 굳건히 할 것.
2. 각종 이권을 외국인에게 넘기거나 계약할 때 각부 대신과 중추원 의장이 함께 검토하고, 그렇지 않는 것은 시행하지 말 것.
3. 모든 재정은 탁지부에서 관할하고, 예산과 결산을 백성들에게 공개할 것.
4. 황제가 칙임관을 임명할 때는 정부에 자문을 구하여 동의를 구할 것.
5. 중대 범죄를 다루는 재판을 공개하며 피고에게 충분한 진술 기회를 줄 것.
6. 법률을 실천할 것.

나라 이름을 대한 제국으로

고종은 러시아 공사관을 떠나 경운궁으로 돌아왔어. 더부살이한 지 1년 만이야. 돌아오자마자 나라 이름을 대한 제국으로 바꾸고, 왕을 황제라 칭하며 광무라는 연호를 사용하기로 했어. 나라 밖으로는 '자주 독립'을 선언했어. 1897년 10월 12일, 원구단 앞에서 고종은 황제 즉위식을 올렸어.

"대한 제국을 황제의 나라로 선포하노라."

고종이 이런 거창한 의식을 올린 까닭은 무엇일까? 대한 제국이 자주 국가라는 것을 대외적으로 알리고 싶었기 때문이야. 독립 협회도 환영하며 박수를 보냈어. 이름이나마 중국과 같이 황제가 다스리는 독립국이 탄생하였지. 대한 제국은 한반도에서 외국 세력이 서로 경쟁하는 정치 상황을 이용하여, 나라의 주권을 견고하게 하려고 노력하였어. 그리고 근대 국가로 발전하기 위해 여러 가지 개혁도 추진했어. 그것을 '광무개혁'이라고 부르는데,

제4조에서는 "대한 제국 대황제는 무한한 권력을 누린다."라고 하며 황제의 권한을 강조했어.

　광무개혁 안에는 황제의 권한을 강화한 조항이 여럿 있어. 또한 상공업을 육성하기 위해 외국 자본을 들여와 회사와 공장을 세우고, 기술자와 경영인을 기르기 위해 실업 학교를 세웠어. 나라 재정을 늘리기 위해 전국의 토지를 조사하여, 토지 대장에 오르지 않은 땅을 찾아 세금을 물렸지. 하지만 땅을 나누어 달라는 농민들의 요구는 무시되었어.

　광무개혁은 몇 가지 성과를 올렸지만 백성들이 원하는 개혁과는 먼 것이었어. 게다가 자주 독립을 선언하였지만 여전히 러시아의 손아귀에서 벗어나질 못했지. 결국 대한 제국 탄생은 강대국의 틈바구니 속에서 자주 독립 국가를 세워 보려는 안간힘이었다고 할 수 있어. 광무개혁은 성공하지 못했고, 나라를 일으킬 기회도 점점 멀어졌어.

　완용은 가난한 선비의 아들로 태어났어요. 어릴 적부터 총명하다는 소문이 먼 친척뻘 되는 이호준의 귀에까지 전해졌어요. 집안의 대를 이를 양자를 찾고 있던 이호준은 완용을 불러 물었어요.

　"완용아, 우리 가문을 빛낼 자신이 있느냐?"

　"어른께서 저에게 기회를 주시면 실망시키지 않을 것입니다."

그때 완용의 나이, 10살이었어요. 이호준의 집안은 우봉 이 씨 가운데서 최고의 명문 집안이었으며 세력가였어요. 이호준은 고종을 가까이 모시고 있었으며, 흥선 대원군과는 사돈 관계였지요. 완용은 이호준의 보살핌에 힘입어 더욱 공부에 매달렸어요.

완용은 25세 되던 때, 과거 시험에 합격하였어요. 완용의 첫 관직은 정7품의 규장각 대교였는데, 곧 정4품의 홍문관 수찬과 사헌부 장령으로 승진했어요. 이처럼 빠른 승진을 하는데는 양아버지 이호준의 영향력이 컸지요.

고종과 민비는 완용을 특별히 총애했어요.

"명문가의 자제에다 학식도 풍부하고 시문과 글씨에도 큰 재주가 있소!"

"과찬이옵니다. 마마!"

"그 재주로 우리 왕세자를 가르쳐 주시오!"

친미파로 변신

미국인 선교사들은 기독교를 알리기 위해 조선에 학교를 세웠어요. 고종을 비롯한 대신들은 새로운 서양 문물을 배우자며 찬성했어요. 완용은 육영 공원에서 영어를 배웠는데 이를 계기로 주차미국참찬관이 되었어요. 나중에는 다시 주차미국대리공사로 올랐어요. 약 2년간 미국에서 생활할 때 알렌이 많이 도와주었어요. 알렌은 미국 선교사이면서 의사인데, 고종과 친해 궁궐을 제집 드나들듯 했어요.

"놀랍소, 미국이 이렇게 발전된 나라라니! 우리 조선도 미국처럼 발전하면 얼마나 좋겠습니까?"

완용은 미국을 부러워하면서 미국의 도움 없이는 조선이 발전할 수 없다고 생각하게 되었어요.

"미스터 리, 조선도 미국과 함께 나아간다면 문제없습니다."

알렌은 미국이 조선을 언제든지 도울 것이라며 안심시켰어요. 미국에서 돌아온 완용은 계속해서 승진을 했어요. 고종의 신임이 갈수록 두터워졌거든요.

친러파로 변신

1894년 조선에서는 동학 농민 운동과 청·일 전쟁이 일어났어요. 눈치 빠른 완용은 곰곰이 생각했어요. 과거 아시아를 제패했던 청나라를 꺾어 버린 일본을 보았지요. 그런데 그 일본을 더 큰 힘으로 누르는 러시아를 보았어요.

'러시아가 일본보다 힘이 세군. 강대국은 러시아야.'

나라의 상황도 어두웠어요. 일본이 명성 황후를 무참히 죽인 뒤였으며 고종도 언제 목숨을 빼앗길지 모르는 불안에 싸여 있었어요. 완용은 이범진과 함께 고종을 러시아 공사관으로 빼돌렸어요. 아관파천이 성공하자 김홍집 등 친일파 내각이 쫓겨나고 이완용, 이범진의 친러파 내각이 세워졌어요. 실권을 쥔 이완용은 러시아에 산림 채벌권을 넘겨주었지요. 미국에는 금광 채굴권 등을 넘겨주었는데, 알렌은 엄청난 금을 미국으로 빼돌렸어요. 이때 완용도 많은 돈을 긁어모을 수 있었어요.

친일파로 변신

그런데 러·일 전쟁이 벌어지고, 일본이 승리하자 러시아는 더 이상 한반도에서 힘을 쓰지 못했어요. 게다가 영국과 미국의 지원을 받은 일본의 힘은 아주 세졌지요.

'젠장, 러시아는 이젠 끝났어. 일본이 조선을 차지하게 되겠구나!'

고종이 러시아 공사관에서 궁궐로 돌아오면서 대한 제국이 세워졌어요. 그와 함께 완용은 권력의 핵심에서 밀려났어요. 평안남도 관찰사·전라북도 관찰사 등 지방 관직으로 옮겨 다녀야 했지요.

그러나 완용은 다시 권력을 쥘 기회를 노리고 있었어요.

'힘 있는 일본에 들러붙는다면 권력도 재산도 다 가질 수 있어.'

완용은 일본 편에 붙어야겠다고 단단히 별렀어요. 이리저리 눈치를 보면서 누구에게 붙어야 권력을 누릴 수 있는지를 살폈지요.

한편 이토 히로부미는 이완용 같은 사람이 필요했어요. 완용이 학식이 풍부하고 높은 관직을 좋아하는데다 철저하게 힘 센 세력에 붙는 기질이 있다는 것을 알았거든요. 그래서 조선의 외교권을 빼앗는 데 완용을 앞세웠어요. 완용은 히로부미가 자기를 알아준 것이 고마웠어요. 완용은 사람들에게 대놓고 말하고 다녔어요.

"이토 히로부미야말로 나의 스승이요, 위태로운 조선을 구할 인물입니다."

이완용은 학부대신에 오른 지 3개월 만인 1905년 '을사조약'에 도장을 찍

고 조선의 외교권을 일본에 넘기고 말았어요. 그 후 나머지 모든 주권도 일본에 넘기고 일본의 식민지가 되는 데 앞장섰어요. 우리 땅은 일본 땅이 되었으며 우리 민족은 사실상 일본의 노예가 되었지요.

그 대가로 이완용은 일본으로부터 돈과 귀족 칭호를 받았어요. 나라 곳곳에 넓은 땅을 가질 수 있었고요. 그렇지만 사람들의 분노를 피할 수는 없었지요. 나중에 이재명 의사의 칼에 찔려 저승 문턱까지 가야 했고, 광복이 된 뒤에는 을사오적의 원흉으로 몰려 묘까지도 파헤쳐 없어지는 신세가 되어야 했으니까요.

돋보기

왜 조선 사람들은 목숨보다 상투를 더 중시했을까?

아래 그림을 보면 사람들의 머리 모양이 제각각 다르지? 머리 모양이 민족적 특성을 드러내기 때문이야. 이처럼 각국 사람들은 저마다 머리 모양을 통해 일체감을 확인하고 다른 민족과 구별하였어.

또 머리 모양은 각 시대의 특성을 나타내기도 해. 엄마, 아빠의 학창 시절 사진을 보면 굉장히 짧은 머리를 하고 있을 거야. 또 한동안 TV에서는 염색이나 파마를 한 연예인의 출연을 금지하기도 했었어. 보수적이고 자유를 억압하던 시대의 이야기지. 이렇게 머리 모양에는 시대의 풍속이 반영되어 있기도 하단다.

우리 민족은 오랫동안 머리카락을 길러서 상투를 틀거나 비녀를 꽂았어. 그런데 1895년 11월, 단발령이 내려진 거야. 백성들은 응하지 않았지. 정부에서는 단발을

해야 하는 이유로 '위생에 좋고 머리 손질이 편하다'는 이유를 댔지만 오랜 습속이 하루아침에 바뀔 리 없었지.

그런데 머리카락 자르기가 왜 그리 어려웠을까? 지금처럼 머리카락 자르는 것이 당연한 시대의 우리들은 언뜻 이해하기 어려울 지도 몰라. 하지만 여기에는 수천 년 넘게 지속된 우리 민족의 풍속이 들어 있었어. 유교 윤리에 따르면, 몸과 머리칼은 부모에게서 물려받은 것이어서 고이 간직하는 것이 자식 된 도리였어. 그래서 최익현은 "내 목은 자를 수 있을지언정 머리카락은 자를 수 없다."고 완강히 거부했단다. 또, 당시 사람들은 국왕이 진심으로 원해서 단발령을 내린 게 아니라는 것을 알고 있었거든. 일본이 주도한 명령이었기 때문에 반발심이 더욱 커진 거야.

동학 농민 운동을 무력으로 찍어 누른 일본은 단발령의 강행으로 민심이 폭발할까 봐 안절부절못했지. 단발령의 거부는 우리 민족의 풍습과 자존심을 짓밟으려는 일본의 계략에 맞선 선조들의 저항 정신이었단다.

과거에서 온 편지

대한 제국은 무사할까?

"뭐, 뭐라고?" 일본 사람들이 궁궐에 쳐들어 와서 왕비를 죽였대! 어떻게 이런 일이 있을 수 있지? 나만큼 유생과 백성들도 화가 나고 기막혀 하고 있어. 의병을 일으켜 일본을 몰아내려 해.

왕비를 아무렇지도 않게 죽이는 판국이니 고종은 자기마저 목숨을 잃을까 봐 러시아 공사관으로 몸을 피했지. 왕이 제자리를 지키지 못하니 각국 열강들은 기회다 싶어 조선의 이권들을 자기 것인 양 가져가고 말이야.

대한 제국을 선포하며 새 출발을 다짐하고 있지만, 이미 쇠약해질 대로 쇠약해진 조선이 무사히 열강들의 침탈을 견뎌낼 수 있을까?

사진 자료 사용에 협조해 주신 곳

국립중앙박물관 [중박 201005-180] 이형록 장터 가는 사람들 34,
김홍도 배를 타고 강을 건너는 사람들 35,
신윤복 할머니와 젊은 여자 37, 김홍도 타작도 57,
김홍도 기와 올리는 그림 57, 김홍도 서당 103

국립민속박물관 서산, 분판 103

국사편찬위원회 양복입은 개화파들 143

독립기념관 공명첩 12, 단발 반대 통문 185, 유인석 의병장 유묵 186

서울대학교 규장각 반계수록 46, 홍경래진도 101

삼성미술관 리움 인왕제색도 54

사진을 제공해 주신 곳

북앤포토, 시몽포토에이전시, 연합뉴스, 엔사이버, 중앙일보

이 책에 사용한 사진은 박물관과 저작권자의 허가를 받아 사용하였습니다.
유물 이름 옆의 숫자는 사진이 게재된 해당 쪽수입니다.

(주) 미래엔은 이 책에 실은 모든 도판 자료의 출처와 저작권자를 찾아 허락을 받기 위해 최선을 다했습니다.
누락이나 착오가 있으면 다음 쇄를 찍을 때 꼭 수정하겠습니다.